体育科授業サポートBOOKS

ペア・グループの力で
みんな泳げる!

水泳指導
アイデア事典

永瀬功二 著

明治図書

はじめに
～もっと楽しい水泳の授業を～

　みなさんは，「小学校の水泳授業」というと，どのような活動を思い浮かべるでしょうか。
　プールの横に2列で並び，片側の全員が水に入って，教師の合図で一斉に泳ぐ……。そのような「一斉指導型」の水泳授業は，今も多くの小学校で行われています。
　しかし，そのような授業で1人1人の子どもをよく見ると，泳ぎの得意な子は早々に反対側まで泳ぎきり，意気揚々と上がってきますが，泳ぎの苦手な子は，途中で立つなど苦労して到着し，最後の数名は，次の列の子に追いつかれながら，ばつが悪そうに上がってきます。
　体育の中でも水泳は，「水の中での運動」という特殊性があり，スイミングスクールで1年中泳いでいる子から，普段は水に顔をつけることもしない子まで，学習を始める前から水中での運動経験に大きな差があり，その差はなかなか縮まりません。
　水中運動は水の中でしかできないので，泳げるようになる1番の方法は「水に入ったり泳いだりする機会を重ねること」に尽きるのですが，上記のような一斉指導の授業を繰り返していると，泳ぎの苦手な児童は水泳への苦手意識も強くなり，中には「見学」という形で水に入る機会を自ら少なくしてしまう子もいることを残念に思っていました。
　一方，これまでの水泳指導についての書籍では，子どもが1人で練習をしたり，大人が1対1で補助をしたりする方法の紹介は多くあるのですが，実際の小学校で行われているような，複数の学級で数十人以上の子どもを対象に指導する方法を示した内容は多くありませんでした。
　そこで私は，泳力も経験も大きな個人差のある子どもたちに指導をされている先生方に，ペアやグループを生かして，泳ぎの得意な子もそうでない子も水泳の楽しさや喜びを味わえる「もっと楽しい水泳授業」にする工夫をご紹介したいと思ってこの本を著しました。

　本書の主な内容は，

①2人組での「ペア学習」による，補助や声かけを生かした効果的な練習方法
②「1，2，パッ，4」のかけ声を生かした，クロールと平泳ぎの段階的な指導法
③簡単に取り組めて子どもが喜ぶ「リズム水泳」や「グループでのゲーム」などの楽しい活動
④学年の発達段階に合わせた，複数学級で行う授業の工夫と，指導に役立つ「マメ知識」

です。少しでも水泳授業を行う先生方の参考になれば幸いです。

永瀬 功二

目次

はじめに〜もっと楽しい水泳の授業を〜 ……………………………………………………… 03

第1章　小学校水泳の授業づくり

1　「楽しい水泳授業」づくりのポイント ……………………………………………… 08
1　「ペア学習」で，楽しく活動しよう
2　「1，2，パッ，4」で，初歩の泳ぎと呼吸のリズムを身につけよう
3　楽しみながら「水に慣れる・泳力を伸ばす」活動を
4　泳ぎの練習は，「補助」と「声かけ」がポイント！
5　水泳ならではの「マメ知識」を知ることで，効果的に泳力UP！

2　水泳指導を始める前に ……………………………………………………………… 10
1　プールサイドでの整列　　　　2　今日の学習内容の確認，準備運動
3　シャワー，入水の準備　　　　4　人数確認「バディシステム」
5　約束の確認　　　　　　　　　6　入水

3　安全面の配慮事項 …………………………………………………………………… 13
1　指導の心構え　　　　　　　　2　プールの監視体制

コラム　小学校水泳　各学年の目標と内容

第2章　小学校1・2年生「水遊び」

1　「水遊び」指導のポイント …………………………………………………………… 16
1　「水に慣れる遊び」で，水への抵抗を減らそう
2　「浮く・もぐる遊び」で，動きを身につけよう
3　身につけたいのは「1にリラックス，2に呼吸」
4　遊びを通して「動きや感覚を身につける」ことを意識する
5　演技たっぷりの「お手本」と，イメージ豊かな「擬音」を
6　「じゃんけんして，勝ったら〇〇！」は1番シンプルな遊び方

2　「水遊び」の授業の進め方 …………………………………………………………… 18
1　1時間の流れ
2　「水遊び」の単元計画（1年生：10時間扱いの例）

3　水に慣れる遊び ……………………………………………………………………… 22
1　ペアで水かけっこ　　　　　　2　鬼遊び

3　まねっこ遊び　　　　　　4　電車ごっこ
　　　5　リレー遊び

4　浮く・もぐる遊び ……………………………………………………… 28
　　　1　つかまって浮く遊び　　　2　補助具で浮く遊び
　　　3　水中じゃんけん　　　　　4　水中にらめっこ
　　　5　水中石ひろい　　　　　　6　輪くぐり，手足くぐり

5　楽しさを広げる活動の工夫 …………………………………………… 40
　　　1　リズム水遊び　　　　　　2　グループで選んで遊ぼう
　　　3　プールの場の使い方

6　学習カード ……………………………………………………………… 46
　　　コラム　水が苦手な子への活動の工夫

第3章　小学校3・4年生「浮く・泳ぐ運動」

1　「浮く・泳ぐ運動」指導のポイント ………………………………… 50
　　　1　中学年の学習内容を理解しよう
　　　2　平泳ぎも1学期中に練習できる単元計画を
　　　3　1時間の前半は「エンジョイタイム」
　　　4　1時間の後半は「ポイント学習」→「コース別練習」
　　　5　手・足の分習と面かぶりの泳ぎで，「浮く・進む動き」を身につける
　　　6　「面かぶり，手だけクロール5かき！」で自分の伸びを意識する

2　「浮く・泳ぐ運動」の授業の進め方 ………………………………… 52
　　　1　1時間の流れ
　　　2　「浮く・泳ぐ運動」の単元計画（3年生：10時間扱いの例）

3　浮く運動 ………………………………………………………………… 56
　　　1　いろいろな浮き方　　　　2　伏し浮き
　　　3　け伸び

4　泳ぐ運動「初歩のクロール」 ………………………………………… 60
　　　1　ばた足泳ぎ　　　　　　　2　クロールのストローク
　　　3　面かぶりクロール　　　　4　クロールの呼吸
　　　コラム　クロールの呼吸　つまずきと解決方法

5　泳ぐ運動「初歩の平泳ぎ」 …………………………………………… 72
　　　1　「初歩の平泳ぎ」について　2　かえる足泳ぎ
　　　3　平泳ぎのストローク　　　4　面かぶりの平泳ぎ

5　平泳ぎの呼吸
　　コラム　平泳ぎ　つまずきと解決方法
6　楽しさを広げる活動の工夫 ……………………………………………………………… 88
　　　1　グループで楽しもう
7　学習カード ……………………………………………………………………………………… 92
　　コラム　「初歩的な泳ぎ」ってどんな泳ぎ？

第4章　小学校5・6年生「水泳」

1　「水泳」指導のポイント ………………………………………………………………… 96
　　　1　高学年の学習内容を理解しよう
　　　2　「初歩のクロール・平泳ぎ」から「伸びのある泳ぎ」へ
　　　3　高学年は「自分の課題に応じた練習」を
　　　4　「ペア学習」の効果を高める工夫

2　「水泳」の授業の進め方 ………………………………………………………………… 98
　　　1　1時間の流れ
　　　2　「水泳」の単元計画（5年生：10時間扱いの例）

3　クロール ……………………………………………………………………………………… 102
　　　1　伸びのあるクロールに挑戦　　2　水中からのスタート
　　　3　クロールのターン

4　平泳ぎ ………………………………………………………………………………………… 105
　　　1　伸びのある平泳ぎに挑戦　　2　水中からのスタート
　　　3　平泳ぎのターン

5　初歩の背泳ぎ ……………………………………………………………………………… 108
　　　1　ペアで背泳ぎ

6　楽しさを広げる活動の工夫 ……………………………………………………………… 110
　　　1　ばた足5分間リレー　　2　ペアでかき数調べ
　　　3　ペアで学び合う活動

7　学習カード …………………………………………………………………………………… 114
　　コラム　「着衣泳」の指導

おわりに ………………………………………………………………………………………………… 117

第1章
小学校水泳の授業づくり

「楽しい水泳授業」はこうしてつくる

　これまでの水泳授業は，1人で泳ぐ活動が中心でした。「みんなと同じ課題についていけない」「1人で練習しているので，つまずいた時に解決できない……」このような課題を解決するために，2人組での「ペア学習」を行います。

　活動の楽しさは2倍に，練習は「1，2，パッ，4！」と声をかけ合い助け合って……。そんな水泳授業を楽しくするヒントがいっぱいです！

「楽しい水泳授業」づくりのポイント

1 「ペア学習」で，楽しく活動しよう

　水泳授業では，プールサイドに2列で並ぶことが多いので，2人組の「ペア」をすぐにつくることができます。このペアで，遊びや練習をすると，授業がグッと楽しくなります。

　　◆低学年「ペアで一緒に遊ぶ」　　　　　◆中・高学年「ペアで一緒に練習する」

2 「1，2，パッ，4」で，初歩の泳ぎと呼吸のリズムを身につけよう

　3年生以上の授業では，おもにクロールと平泳ぎを学習します。この2つの泳法で，泳ぎを身につける初歩の段階で効果的なかけ声が「1，2，パッ，4」です。「パッ」は呼吸を表し，「1，2，4」は，泳法ごとに以下の動きを表しています。

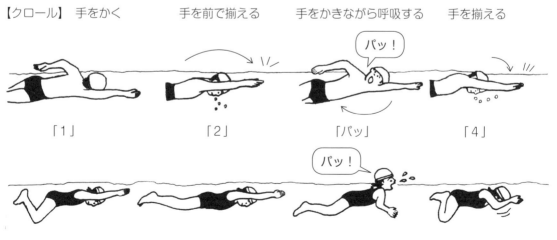

3 楽しみながら「水に慣れる・泳力を伸ばす」活動を

　泳ぎを身につけるには,「水に慣れる」段階が,泳ぎそのものの練習以上に大切です。

　どの学年でも,授業の前半に,友達と一緒に行える簡単で楽しい活動を取り入れることで,水中でのリラックスや呼吸の感覚を自然と身につけたり,夢中になって活動するうちに泳力を伸ばしたりすることができます。

◆リズム水泳・水遊び

◆グループでのゲーム

◆競争的・達成的な活動

4 泳ぎの練習は,「補助」と「声かけ」がポイント!

　「泳げない」状態の1番の課題は,「1人では浮けない」ということです。そこで,初めはペアの友達が両手を引いて体を支えてあげたり,ビート板につかまらせてあげたりして,安心して水に浮かせてあげる「補助」がとても有効です。また,ペアの友達が耳元で「1,2,パッ,4」と声をかけてあげると,1人で泳ぐよりもさらに頑張れるので効果的です。

5 水泳ならではの「マメ知識」を知ることで,効果的に泳力UP!

　水泳は他の陸上での運動と違い,浮力や抵抗など,水の特性を利用して浮いたり進んだりします。そのため,中学年以上の水泳授業では,教師も子どもも「どうやったらよく浮くのか,より楽に進むのか」の易しい知識を得ることが,泳ぎの習得に大きな効果を与えます。

　授業の中に「ポイント学習」などの時間を設定し,泳ぎのポイントやマメ知識を子どもたちの年齢に応じて伝えることで,教師だけが教えるのではなく,子ども同士がペアで互いの泳ぎを見てアドバイスできるようになり,練習の効果が上がります。

水泳指導を始める前に

ここでは例として，3学級が学年合同で授業を行う場合を想定して，実際にプールに入るまでの指導の流れを示します。

1 プールサイドでの整列

1つの例ですが，下の図のように，男女別に背の順の2列で，1組から順番に座ります。

プールは構造上，排水溝の周辺が最も深いので，その近くに1番背の低い子や水を怖がる子がいないかを確認し，必要であれば順番を変えます。

見学者は原則として体操着で帽子をかぶらせ，日よけのある場所に座って見学させます。

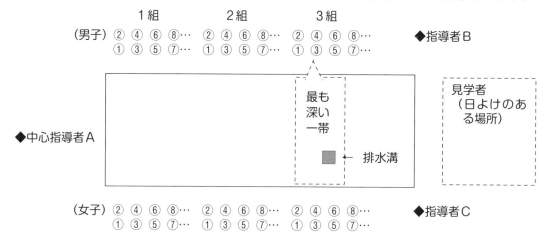

2 今日の学習内容の確認，準備運動

中心指導者Aが，今日の学習のめあてや学習の流れを簡潔に説明します。その後，児童はプールの方を向いて両手間隔に広がり，準備運動を行います。

準備運動では，普段の体育の授業で行っているものとあわせて以下のような運動を行い，水泳でよく使う体の部位を伸ばしたり回したりしてよくほぐしておきましょう。

①腕の外側を伸ばす　　②腕を回し肩をほぐす　　③太腿や足首を伸ばす

   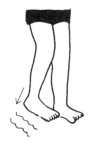

3 シャワー，入水の準備

シャワーでは，水泳帽を水着にはさませ，①指を立てて頭をこする，②顔や手足をこする，③水着を少し引き，水着の下に水を流す，などの順番で行わせます。

自分の場所に戻った子から，水泳帽とゴーグルをつけさせます。水泳帽は頭の上から引っぱり下ろすのでなく，帽子の前の部分を額に当てて引っぱり上げるようにさせます。

まゆげに合わせて　　後ろに引っぱる

4 人数確認「バディシステム」

バディシステムとは，2人1組のペアをつくり，人数確認と互いの安全確認をさせる方法のことです。以下の例を参考に，入水の前や退水時などに人数確認を行います。

❶「バディーの用意」
　2人ずつ手をつないで，しゃがみ姿勢になる。

❷「バディー！」
　「おーっ！」
　組んだ手を上げて，全員立つ。

❸「番号」
　前から順に，2人ずつ「1！」「2！」と自分たちの番号を言いながら，手をつないで座る。
　教師は，A（全体指導），B（男子の列），C（女子の列）など，役割を分担します。児童が番号を言う時は，言う子のそばを歩きながら指導します。全員が言い終わったら，BとCは「男子○名！」などと声に出してAと人数を確認し，指導日誌に記録します。

5 約束の確認

児童には，入水の前に「入水したら，男子の1列目は3コースの線の上，女子の1列目は4コースに立ちます。2列目は……」などの具体的な指示をしておきます。

水泳は水の中で大人数で学習するので，子どもたちが安全で充実した活動を行うために，全員が確実に指示を聞き取り，活動の仕方を理解することが大切です。

そこで，活動を始める前に，
◆話を聞く時は先生の方を向き，気を付けの姿勢で動かない。
◆教師が笛を「ピッピッ！」と2回吹いたら，いつもこの位置に戻って話を聞く。
などの約束をはっきりと示し，活動中も約束を守らせるようにします。教師自身も，「指示は短く簡潔に／要所は笛の合図でメリハリをつける」ように心がけます。

6　入水

水泳授業では，【図1】のようにプールの前から全体指導をすることが多いのですが，これでは1番後ろの児童は教師から20ｍ以上離れる上に，自分の前に20名以上の児童が立っているので，教師の姿が見えにくく，指示の内容を理解しにくくなります。

そこで，【図2】のように教師が移動し，プールの横から指示をします。指導の際には，
①子どもがまぶしくないように，教師が太陽に向かって立つ
②子どもが見やすいように，プールから2ｍ以上離れる
③両側の児童を意識して話す
などに留意します。

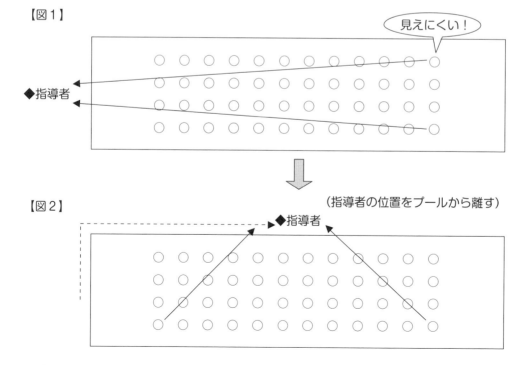

3 安全面の配慮事項

　水泳の授業は，水温や気温など，周りの影響を大きく受けながら活動を行うので，他の運動以上に健康・安全への配慮が重要です。また，プール施設の点検や複数の教員による監視体制の計画など，水泳特有の留意事項も多くあります。
　「1に安全，2に指導」とも言われる水泳指導の安全面の配慮事項について説明します。

1　指導の心構え

　水泳指導を行う際には，指導者として以下の心構えを常に意識して指導にあたります。

◆プールの施設・設備の安全点検を，指導前に確実に行う。
　必ず指導の前にプールに行き，水温・気温の測定とプールの施設点検を行います。特に雨などで数日間水泳の授業がなかった後は，環境が悪化していることが多いので注意します。

◆常に安全第一。授業中は児童の健康状態や行動に十分注意する。
　同じ環境で学習していても，寒さに対する体調の変化は子どもによって違います。常に1人1人を観察し，子どもにもペアで互いの顔色や様子を確認し合うように指導します。

◆児童には，水泳の心得をよく守るように指導する。
　水泳の心得を，「はとふむな」などのキーワードにして掲示することも効果的です。
　「⑱しらない」「㋐びこまない」「㋙ざけない」「㋰りをしない」「㋔かよく学習」

◆指導者は全員水着を着用し，協力して監視をしながら指導する。
　監視とあわせて，非常時の救助体制やAEDの使い方・心肺蘇生法などにも万全を期します。

2　プールの監視体制

　監視体制は，以下の原則をもとに事前に話し合い，計画的に行うことが大切です。また，児童の退水後には全員で水底確認を行い，手を上げて互いに確認などします。

◆指導の際には，A（全体指導），B（水中指導），C（安全監視）と役割を分担する。
◆水中指導と安全監視は常に1名必要で，全員が陸上にいる，また逆に全員が入水することがないように注意する。
◆安全監視者は，全体指導者と反対側で，プール全体を見渡せる場所に立つ。
◆指導中は指導者が互いの位置に気を配り，入水や退水を臨機応変に行う。

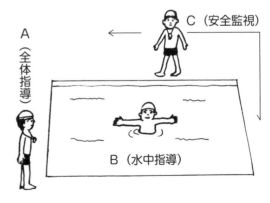

小学校水泳　各学年の目標と内容

　水泳の授業で，各学年で教える内容については，「小学校学習指導要領」に以下のように示されています。指導をするにあたり，2つのポイントを理解しておきましょう。

◆「泳げるようになること（技能）」だけが目標ではない
　学習内容は「技能／態度／思考・判断」の3観点で示されています。体育の学習の中心は運動ですが，友達とのかかわり方や課題を解決する力を身につけられるように工夫します。

◆発達の段階を踏まえた指導に留意する
　表の左側を見ると，実は全学年が「水泳」という領域名ではなく，低学年は「水遊び」，中学年は「浮く・泳ぐ運動」になっています。低・中学年では，活動を通して水に慣れ親しみながら，徐々に浮いたり泳いだりする力を身につけられるよう留意します。

学年		技能	態度	思考・判断
1・2年	水遊び	○次の運動を楽しく行い，その動きができるようにする。 ・水に慣れる遊びでは，水につかったり移動したりすること。 ・浮く・もぐる遊びでは，水に浮いたりもぐったり，水中で息を吐いたりすること。	○運動に進んで取り組み，仲よく運動をしたり，水遊びの心得を守って安全に気を付けたりすることができるようにする。	○水中での簡単な遊び方を工夫できるようにする。
3・4年	浮く・泳ぐ運動	○次の運動を楽しく行い，その動きができるようにする。 ・浮く運動では，いろいろな浮き方やけ伸びをすること。 ・泳ぐ運動では，補助具を使ってのキックやストローク，呼吸をしながらの初歩的な泳ぎをすること。	○運動に進んで取り組み，仲よく運動をしたり，浮く・泳ぐ運動の心得を守って安全に気を付けたりすることができるようにする。	○自己の能力に適した課題をもち，動きを身に付けるための活動を工夫できるようにする。
5・6年	水泳	○次の運動の楽しさや喜びに触れ，その技能を身に付けることができるようにする。 ・クロールでは，続けて長く泳ぐこと。（25〜50mを目安） ・平泳ぎでは，続けて長く泳ぐこと。（25〜50mを目安）	○運動に進んで取り組み，助け合って水泳をしたり，水泳の心得を守って安全に気を配ったりすることができるようにする。	○自己の能力に適した課題の解決の仕方や記録への挑戦の仕方を工夫できるようにする。
	※内容の取扱い ・水泳については，水中からのスタートを指導するものとする。また，学校の実態に応じて背泳ぎを加えて指導することができる。			

第2章

小学校1・2年生「水遊び」

> **低学年は「水の楽しさ」を味わうことを大切に**
>
> 「水遊び」と聞くと，「遊んでいればいいの？」「泳ぎにつながる練習は……」という疑問が生まれます。
> 　子どもたちは「遊んでいるつもり」でいいのです。しかしその遊びの中に，教師が身につけさせたい「泳ぎにつながる動き」を取り入れることが大切です。
> 　ペアやグループでの遊びを楽しく行いながら，水に慣れ，泳ぎにつながる動きを身につける……。そんな「水の楽しさ」を味わう水遊びを紹介します！

1 「水遊び」指導のポイント

1　「水に慣れる遊び」で，水への抵抗を減らそう

　水に慣れる遊びは，水にもぐらずにできる遊びで，楽しく活動しながら水に慣れる学習です。

　低学年では，肩まで水に入るだけでも，冷たさや水圧による息苦しさで怖さを感じる子もいます。易しい動きの遊びで，水の中で活動する楽しさを味わい，水への恐怖心や抵抗を減らしていきます。

2　「浮く・もぐる遊び」で，動きを身につけよう

　浮く・もぐる遊びは，浮いたりもぐったりして水の特性にふれる遊びです。まだ水に十分慣れていない子もいますので，徐々に水の特性に慣れていけるように段階的に行います。

　ここでは，リズムよく顔を水に入れたり出したりする動きを意図的に取り入れ，中学年の「泳ぎながら呼吸をすること」につなげていきます。

3　身につけたいのは「1にリラックス，2に呼吸」

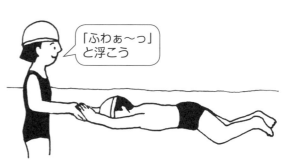

「ふわぁ〜っ」と浮こう

　低学年で身につけさせたい「泳ぎにつながる動き」の第一は，水中でのリラックスです。何にもつかまらずに1人で水に浮くことは，最初の大きなハードルなので，遊びから段階的に慣れさせます。

　身につけさせたいもう1つの動きは，「水中で息を吐く→顔を上げて息を吸う」という呼吸の習得です。初めは立った姿勢で，次はつかまって浮きながら……と段階的に行います。

4　遊びを通して「動きや感覚を身につける」ことを意識する

　水遊びでは，子どもは遊んでいるつもりですが，教師は「その遊びでどんな動きや感覚が身につけられるか」を意識して遊びを設定したり，言葉かけを行ったりすることが大切です。

①「かにさんのまねっこ」には「水中で息を吐く（バブリング）」というねらいがある。

②顔を上げて歩くだけでは，ねらいが達成できない！

③ペアで向き合って，どちらがいっぱい泡が出るか競争してみよう！

5　演技たっぷりの「お手本」と，イメージ豊かな「擬音」を

　低学年の子どもは，「ごっこ遊び」が大好きです。「ぞうさんのまねをするよ。肩まで水につかって，ながぁいお鼻で，顔の前のお水を，『ゆらぁり，ゆらり』とかきまぜます」などと言いながら，手を表情豊かに動かすと，子どもたちは大喜びでまねをします。

　他の遊びの際も，「ブクブクブクブク……」「ふわぁ～っと」など，動きのイメージを擬音で伝えると，子どもの動きがとても豊かになるので，大いに楽しんで声をかけましょう。

6　「じゃんけんして，勝ったら○○！」は1番シンプルな遊び方

　「ペアでじゃんけんして，勝った子は○○する」という簡単な遊びをたくさん考えました。1度説明すれば，子どもは自分たちで楽しく遊びを繰り返すことができます。

　教師の役割は，安全面を見守り必要な指導をすることと，遊びの中で大きな動きや工夫した動きをしている子どもを見つけてみんなに紹介することです。

さいしょはグーじゃんけん

ぽん

勝った！じゃあぼくのする動きをまねしてね

2 「水遊び」の授業の進め方

1　1時間の流れ

学習内容の確認，準備運動，シャワー（5分間）10～11ページ参照

❶水慣れ，リズム水遊び（10分間）

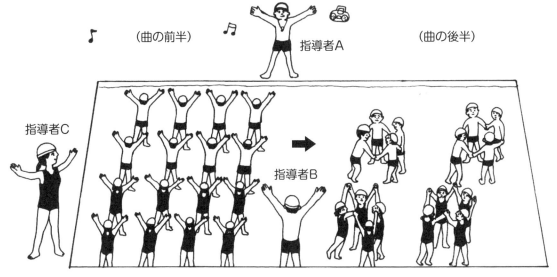

❷ペアで遊ぼう（10分～15分間）

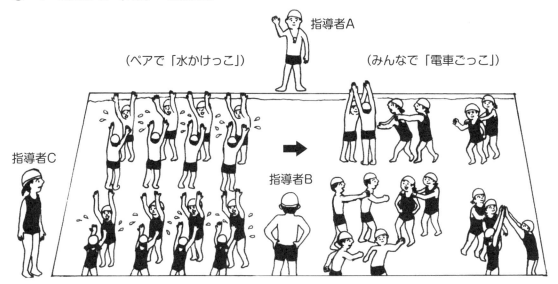

❸グループで遊ぼう（10分〜15分間）

❶水慣れ，リズム水遊び（10分間）
　水慣れは，プール内のコースの線上に4列で並び，中心指導者Aはプールの横から指示をします。「リズム水遊び」も同じ隊形で始め，慣れてきたら曲の後半は4人グループで輪になって楽しむこともできます。

❷ペアで遊ぼう（10分〜15分間）
　個人で，またはペアの友達と，主に「水に慣れる遊び」を行います。水の中で遊ぶ楽しさを味わいながら，顔に水がかかることや水中で動くことに慣れていきます。

❸グループで遊ぼう（10分〜15分間）
　ペアとペアを2つあわせた4人グループで，主に「浮く・もぐる遊び」を行います。友達と遊ぶ楽しさを味わいながら，もぐったり浮いたりする動きを身につけていきます。実際には，1つずつの遊びを全員で一緒に行います。

❹整理運動，学習の振り返り，シャワー（5分間）
　水から上がり，改めて人数確認と健康観察をします。
　準備運動と同じように広がり，整理運動で使った筋肉をほぐします。
　全員で，今日楽しかったことやできるようなったことを振り返ります。
　順番にシャワーをあび，タオルで体をよく拭いて，授業を終わります。

2 「水遊び」の単元計画（1年生：10時間扱いの例）

	1時	2時	3時	4時	5時
段階	「楽しさを知る」 水遊びの遊び方を知り，みんなで一緒に楽しみます。				
1 水慣れ	リズム水遊び「崖の上のポニョ」（42ページ） ・単元の前半では，音楽に合わせた動き方を知り，ペアやグループの友達と一緒に楽しみがら水に慣れます。				
2 ペアで遊ぼう	オリエンテーション ・第1時は，遊びながら並び方やペアでの学習の仕方などを身につけます。 ペアで水かけっこ →22ページ	ペアで水かけっこ 鬼遊び →23ページ		鬼遊び まねっこ遊び →24ページ	
3 グループで遊ぼう	つかまって浮く遊び →28ページ	補助具で浮く遊び →30ページ		水中じゃんけん・水中にらめっこ →32・34ページ	

◆10時間の単元を,「楽しさを知る」「楽しさを広げる」の２段階で計画しています。１年生の活動例を示していますが，２年生では「浮く・もぐる遊び」の活動を多くします。

6時	7時	8時	9時	10時
「楽しさを広げる」 ペアやグループで遊びを選んで，動きを工夫しながら楽しみます。					

リズム水遊び ～友達と楽しく動こう～
・単元の後半では，覚えた動きで，ペアの友達とじゃんけんをしたり，グループで輪になったりして楽しみます。

まねっこ遊び

電車ごっこ→26ページ

水中石ひろい→36ページ

電車ごっこ

リレー遊び→27ページ

輪くぐり，手足くぐり
→38ページ

グループで選んで遊ぼう
・第10時は，これまで遊んだ遊びの中から，ペアやグループで遊びを選んで楽しみます。

学習のまとめ
・楽しかったことやできるようになった動きを振り返ります。

第２章　小学校１・２年生「水遊び」　21

3 水に慣れる遊び

1　ペアで水かけっこ

活動のねらい　水が体や顔にかかることに慣れる。手で水を押す感覚を味わう

　水を強くかけられるのが苦手な子もいるので，最初は水を直接かけ合わない遊び方を工夫します。肩まで水につからせることで水圧や浮力に慣れさせるとともに，水をゆっくり手で押させることで「水の重さ」を実感させ，手で水をかく感覚を身につけさせるようにします。

❶後ろ向きで

【行い方】
・線の上で，ペアと後ろ向きに立って水をかけ合います。

【言葉かけ・指示】
◆肩まで水につかりましょう。
◆前に手を伸ばして，後ろに向かって「よいしょ〜っ，パッ！」と水を押しましょう。

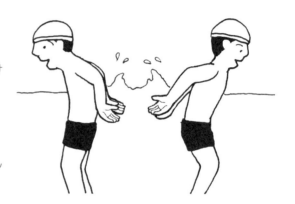

❷横向きで

【行い方】
・横向きで，足を開いて，両手でゆっくりと横から水を押してかけます。

【言葉かけ・指示】
◆「よいしょ〜っ，パッ！」と水を押して，友達に水をたくさんかけましょう。
※「水って重いねぇ」と言葉をかけ，水の重さ（抵抗）に気づかせます。

2 鬼遊び

活動のねらい 水の抵抗や浮力に負けないように走る

　気温や水温が低い時は,「鬼遊び」で力いっぱい走ることで体を温める効果もあるのでおすすめです。大人数でできる鬼遊びもありますが,初めは,ペアでできる鬼遊びで,どの子も水の中で体を動かすことに慣れさせます。

❶ペアで「ねことねずみ」

【行い方】
- コースの線の上でペアが向かい合って立ち,片側の列が「ねこチーム」もう片方が「ねずみチーム」になります。
- 先生が「ね,ね,ね……ねこ!」と言ったら,ねこチームが自分のペアを追いかけます。

【言葉かけ・指示】
◆相手チームの子は,壁の1つ手前の線まで,タッチされずに逃げきれたらセーフです。

❷ペアで「手つなぎ鬼」

【行い方】
- 陸上と同じルールで,全員で行います。
- 鬼にタッチされたら,鬼と手をつなぎ,4人になったら2人ずつにわかれます。

※慣れてきたら,「頭までもぐったら鬼にタッチされない」など,ルールを加えて楽しさを広げます。

3　まねっこ遊び

活動のねらい　遊びながら，泳ぎにつながる動きや呼吸の仕方に慣れる

　肩まで水につかり，水圧に負けずに大きく息を吐いたり吸ったりさせます。ここでは，顔に水がかかる，手足で水をかいたりけったりする，顔を水に入れる，水中で口や鼻から息を吐く，顔を上げて息を吸う，などの動きを意図的に取り入れて，水に慣れさせます。

❶ぞうさんの水あび
【言葉かけ・指示】
- ◆ひざを曲げて，肩まで水につかり，大またでノッシノッシと歩きましょう。
- ◆手を前に伸ばして，水を「ユラーリ，ユラリ」とかきまぜましょう。
- ◆水をすくって，自分や友達に「ソ～ッ」っと優しくかけましょう。

❷ペンギンさんのおさんぽ
【言葉かけ・指示】
- ◆両方の足のつま先を「ぴん」と上げて，かかとで「トコトコ」歩きましょう。
- ◆その場で回ったり，両足で「ピョンピョン」ジャンプしたりしてみましょう。
- ※つま先を上げて足を反る動きは，平泳ぎの「かえる足」につながります。

❸かにさんが，あわをブクブク，パッ！
【言葉かけ・指示】
- ◆鼻まで水に入れて，「ブクブク」と息を吐きましょう。
- ◆顔を上げて「パッ」と息を吐きましょう。

❹カンガルーさんが，もぐってジャンプ！
【言葉かけ・指示】
◆しゃがんで，手で水を「グッ」と押しながら，ジャンプしましょう。
◆「ブクブク……，パッ！」と息を吐きながら続けてできますか？

❺ペアで「じゃんけんまねっこ」
【行い方】
・ペアでじゃんけんして，勝った子が動きを言ってからやって見せます。
・終わったら「はいどうぞ」と言い，負けた子がまねをします。
※「自分が発明した泳ぎ」など，動物でなくてもよいです。

> **ここがポイント！** 息を吸うためには，まず「止める」「吐く」ことを教える
>
> 　お風呂やプールでもぐった経験がない子どもは，「水の中では息を吸えない」という当たり前のことがわからずに，水中で無意識に息を吸って水を飲んでしまうことがあります。
> 　最初は，①水中では息を止める→②水中で鼻や口から息を吐く→③顔を上げ，息を"パッ"と吐く，と段階的に経験させて，吐いた反動で自然と息を吸うことを身につけさせます。

4　電車ごっこ

活動のねらい　ペアで遊ぶことで，全員が何度も楽しさにふれる

　全員で「じゃんけん列車」を行うと，１度じゃんけんに負けてしまった子は，つながって歩くだけでじゃんけんを楽しめません。ペアで電車をつくり，先頭を交代しながら他のペアとじゃんけんを繰り返す遊びにすることで，全員がじゃんけんを何度も楽しめるようにします。

❶電車でGO！
【行い方】

- プール中央の線で，横の壁に向かってペアが前後に立ちます。
- 後ろの子が前の子の肩に手を置いて電車になり，壁まで４〜５m歩きます。
- 壁についたら前後を交代して，また電車になってもとの線まで戻ります。

※慣れてきたら，壁まで３回往復したり，前の子が肩まで水につかり，後ろの子が足を浮かせてみたりすることもできます。

❷みんなで「電車＆トンネルじゃんけん」
【行い方】

- ペアで電車になってプールの中を自由に歩き，他のペアと会ったら，前の子同士がじゃんけんをします。
- 負けたペアは，向き合って両手を上げて，手でトンネルをつくります。
- 勝ったペアは，トンネルをくぐります。くぐり終わったら，どちらのペアも前後を交代し，また自由に歩いてじゃんけんをします。

※慣れてきたら，トンネルの屋根を低くしてもよいこととし，顔に水がかかったり，顔が水に入ったりすることに慣れさせます。

5　リレー遊び

活動のねらい　じゃんけんや記録を伸ばす活動で，楽しさを味わう

ペアを2つあわせて4人グループをつくります。普通のリレー形式では，苦手な子がいるグループは勝つことが難しいので，「じゃんけん」の偶然性や「グループで記録を伸ばす活動」を取り入れます。走るのが遅い子も，じゃんけんで勝ち続けると活躍できます。また，記録を伸ばす活動では，力をあわせて挑戦することで，達成感を味わうことができます。

❶4人グループ対抗で「水中ドンじゃんけんぽん」

【行い方】

- 4人が縦に並び，向かい側の4人と対戦します。
  2人がプールに入り，1人がスタートします。
- 相手とじゃんけんして，勝ったら前に進みます。負けたら，後ろにいる子に，大きな声で「負けた！」と言い，次の子がスタートします。負けた子は戻り，プールサイドに上がります。

❷3分間リレー

【行い方】

- 4人グループになり，2人ずつプールの反対側で向き合います。
- 両側で1人ずつ水に入り，1人が反対側の壁まで走ってもう1人にタッチします。タッチされたら反対側へ走ります。これを繰り返します。
- リレー形式で，3分間でプールの横方向を走れた回数をグループで数えます。
- 2回行い，グループで「1回目の記録よりどれだけ伸ばせるか」に挑戦します。

【言葉かけ・指示】

◆3分で何回行けましたか？

4 浮く・もぐる遊び

1 つかまって浮く遊び

活動のねらい　顔を水につけ，友達につかまって水に浮く気持ちよさを味わう

「リラックスして浮く」ことを身につけるには，楽しみながら段階的に取り組める活動が大切です。最初は立った姿勢で，10秒程度頭を水中に入れていられるようにします。次は友達につかまって，安心して浮く気持ちよさを味わえるようにします。また，様々な姿勢で「1，2，パッ（呼吸），4」のリズムで顔を上げ下げし，呼吸にも慣れさせます。

❶お池にぽちゃん

【行い方】

・ペアで向き合い，肩まで水につかって，手で輪をつくり，「お池」をつくります。

※浮く姿勢につなげるために，顔を下に向けて耳まで水につけるようにします。

❷お池で「1，2，パッ，4（よん）」

【行い方】

・肩まで水につかり，顔だけ上げて「パッ」と息を吸い，「4」でまた耳までつけます。
　　　「1，2，パッ，4。1，2，パッ，4」→（水中で息を吐く）「ブクブク，パッ，4」

呼吸のタイミングとして，クロールでは「1，2，3，パッ！」と言われることがありますが，呼吸をしたらすぐに顔を水に入れる習慣をつけるために，「パッ！」を3番にして，「4」で「すぐに顔を水に入れる」という動作を位置づけます。

❸友達につかまって浮こう
【行い方】
- ペアの1人が「だるまさんがころんだ」と言いながら、ゆっくり後ろに歩いて手を引きます。
- もう1人は、息をいっぱい吸ったら顔を水につけ、足をそぉっと離して浮きます。
- 慣れてきたら、壁まで4〜5m引いて歩き、浮く子を交代して戻ります。

❹ペアで「じゃんけんタクシー」
【行い方】
- ペアでじゃんけんし、勝った子がタクシーのお客さんになり、浮いたまま手を引いてもらいます。
- 負けた子は運転手さんで、「1、2、……」と数えながら、好きな方へ10歩歩きます。
- 10歩歩いたら、2人でまたじゃんけんをします。

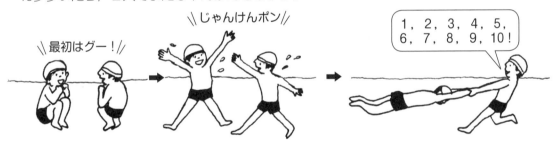

※運転手は、手をグングン強く引いたり、その場でグルグル引っぱり回したりしないようにします。
※慣れてきたら、笛を吹いてその場で一度立たせて、新たな動きを加えます。

【新たな動き①呼吸】
　かけ声を「ブク、ブク、パッ、4」2回にします。お客さんは顔を水につけて息を吐きます。

【新たな動き②「バタバタ足」で進む】
　お客さんが足を交互にバタバタさせて、タクシーをスピードアップさせます。かけ声は「バタ、バタ、パッ、4」！

2　補助具で浮く遊び

活動のねらい　補助具を使って、いろいろな浮き方をして楽しむ

　浮く遊びの第2段階として、補助具につかまって浮きます。ビート板などの補助具で、フワフワと動く不安定さのスリルを楽しみながら、いろいろな浮き方をしたり、ペアの2人で一緒に浮いたりして、水中で姿勢を保つこと、浮いた姿勢からの立ち方に慣れていきます。

❶ビート板で、いろいろな浮き方をしよう

【行い方】
・2人で1枚のビート板を使い、教師の示した浮き方で、1人ずつ交代で浮きます。

【言葉かけ・指示】
◆息をいっぱい吸って耳まで水につけ、「フワァ〜ッ」と浮いてみよう。
◆耳まで水につけ、上を向いてビート板におへそをつけるようにしよう。

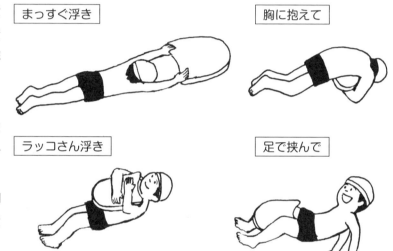

❷ペアで「じゃんけんまねっこ浮き」

【行い方】
・じゃんけんで勝った子が浮き方の名前を言ってからやって見せ、ペアの子がまねをします。

❸ビート板で進んでみよう
【行い方】
・最初はペアの友達がビート板や体を支えながら，10数える間後ろに引いて歩きます。
・慣れてきたら，壁をけって進んだり，「バタバタ足」など手や足を動かして進んだりします。

【まっすぐ浮き】

　　ビート板を引かれて「スーッ」　　　　　壁をけって「スーッ」　　　　　「バタバタ足」で進む

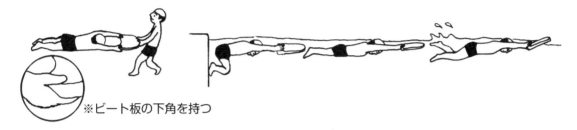

※ビート板の下角を持つ

【ラッコさん浮き】

　　肩の下を支えて，ゆっくり引く　　　壁をけって浮く　　　　　「そよそよばた足」で進む

❹ペアで一緒に浮けるかな？
【行い方】
・1枚のビート板に2人がつかまって浮き，2人でいろいろな浮き方を発明します。

横に並んで　　　　　　　　　　向き合って

三角になって　　　　　　　　　縦につながって

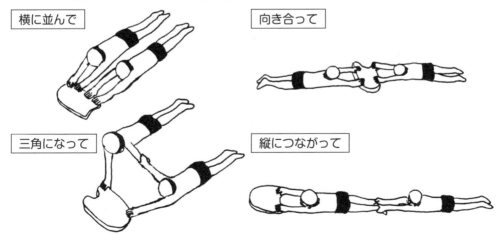

3 水中じゃんけん

活動のねらい 水にもぐって，水中で目を開ける

　水泳学習の目的の1つに，「水に落ちた場合に自分の身を守る力をつけること」があります。いざという時にはゴーグルなしでも水の中で目を開けたり，顔を上げて周りを見たりすることができるように，あえてゴーグルをつけないで水中で目を開けるような遊びも行います。

❶体でじゃんけん

【行い方】

・ペアになり，顔を水につけずに，体を大きく動かしてじゃんけんを楽しむ。

※他の遊びでじゃんけんを行う時にも，「体でじゃんけん」で行うと楽しくできます。

❷グーチョキパーあて

【行い方】

・ペアの1人が水にもぐり，水中で目を開けて，もう1人が水中で出すじゃんけんを見ます。

❸水中じゃんけん（1）

【行い方】
- ペアで握手をするように手をつないでもぐり，水中で目を開けて，じゃんけんをします。
- あいこの場合は，もう1度顔を上げてかけ声をかけます。

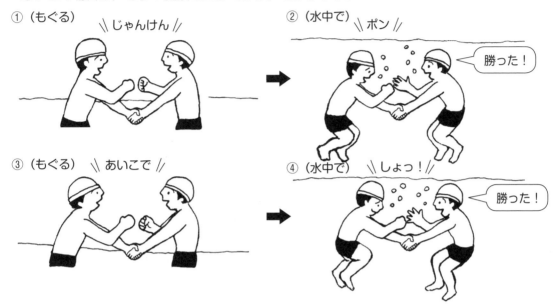

❹水中じゃんけん（2）　3回連続

【行い方】
- 水にもぐる時間を長くします。もぐったまま，3回連続でじゃんけんを続けて，勝敗を競います。

4 水中にらめっこ

活動のねらい 遊びながら，水中での息の使い方に慣れる

　水中じゃんけんも水中にらめっこも，動きやねらいはほぼ同じです。ゴーグルなしで相手の表情まで見ることは難しいので，にらめっこでは，ゴーグルをつけて行います。

　水中でにらめっこをしたり大きな声を出したりすることで，水中で息をこらえたり吐いたりすることや，顔を上げて息をしっかり吸うことなどに慣れていきます。

❶水中たし算

【行い方】
・ペアの1人が問題を出し，1人が答えます。
・答える子が水中にもぐったら，問題を出す子が，水の中で両手で2つの数字を出します。
・答える子は，2つの数字を見てたし算し，顔を上げて「○＋□＝◆！」と式と答えを言います。

❷水中にらめっこ

❸水中名前あて

【行い方】
・水中で，1人が大きな声で果物の名前を言い，もう1人がそれを聞いてあてます。
・最初は「りんご・みかん，ぶどう」の3つから1つを選ばせるなどして，あてやすくします。

> **ここがポイント！** 工夫の視点は「楽しさ」と「ねらいをもった活動」

　低学年で身につけさせたいことは，水の中で運動することの楽しさを味わい，頭まで水にもぐることや，何かにつかまってもいいので，顔をつけた状態で，リラックスして浮くことです。

　水が苦手な子は，不安や恐怖，不快感で，水に入ると「緊張」しています。この緊張をほぐすには，「楽しさ」が大切なポイントになります。

　ここまで紹介してきた活動は，多くがペアでできる遊びです。ペアで行う理由は，運動量と友達とのかかわりが豊富になるからです。じゃんけんで勝ったり負けたり，友達と手をつないで一緒に運動したりする中で，楽しさや，ほめられたり励まされたりする喜びを味わえます。

　もう1つのポイントは，「ねらいをもった活動」です。水中での姿勢保持，呼吸，手足の動きなど，様々なねらいをもった水遊びを行わせることで，子どもたちは楽しみながら水中での動きや感覚を身につけていきます。

5 水中石ひろい

活動のねらい 頭を深く沈めて，水中でのバランスの変化に慣れる

　プールの底にある石をひろうためには，頭をだいぶ深く沈めなくてはなりません。陸上では頭を下にしても足が地面から離れることはありませんが，水中では水と体の比重がほぼ同じなので，頭を沈めるとその分体が「フワッ」と浮いて足が底から離れそうになります。
　この，体のバランスの変化を実感し，体勢の立て直し方などに慣れていきます。

❶ペアで石ひろい

【行い方】
・ペアが1～2m離れて立ち，1人が石を沈めて，もう1人が水にもぐって石をひろいます。
・友達がひろうまでにかかった数を伝え，2回目はその数を縮めることに挑戦します。
・1人が2回行ったら交代します。

❷ 4人グループで石ひろい競争

【行い方】
- ペアを2つ合わせて，2つの石で4人で遊びます。1人が審判で3人で競争します。
- 審判は，両手に1つずつ石を持って3〜4m離れて立ち，手を放して石を沈めます。
- 石が沈む間は「よぉ〜〜い」と言い，底についたら，「ドン！」と言います。
- 残りの3人が走っていき，もぐって石をひろいます。石は2つなので，ひろえた2人が勝ちです。ひろえなかった1人は，次の審判になります。

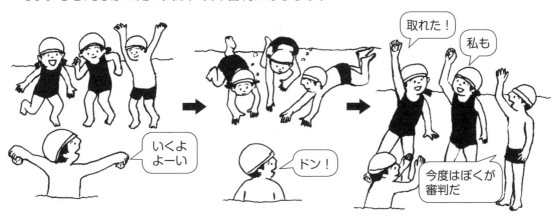

【場の使い方】
※男子側と女子側で，プールを半分ずつ使うと行いやすいです。

6 輪くぐり，手足くぐり

活動のねらい 体全体を沈めて，水中で移動することに慣れる

　石ひろいは下にもぐる動きでしたが，輪くぐりや手足くぐりは，「水中を移動する」動きが加わります。最初は足を床につけて「フワフワ」と歩いて進み，慣れてきたら体を浮かせて「スーッ」と進みます。ここでもペアを活用し，だんだんと深くもぐることに挑戦します。

❶ペアで手足くぐり

【行い方】
・ペアでじゃんけんして，負けた子が勝った子のつくるトンネルをくぐります。
・トンネルは「手，足，また」の3種類の中から，負けた子が指定します。
・勝った子は，ペアの子がくぐる間数を数えて，くぐった子に伝えます。

【トンネルの例】
※トンネルの深さも，くぐる子が「もうちょっと深くして」などリクエストできます。
※「輪くぐり」というと「輪がないとできない」と思いがちですが，ねらいは「もぐって水中を移動すること」なので，ペアを使い，お互いの体を使ってくぐる活動を楽しめます。

❷ 4人グループで連続手足くぐり

【行い方】
・4人でじゃんけんし，勝った子は全員がトンネルになり，負けた子全員がトンネルをくぐります。

【1人が勝ったら】 1人がトンネルで，3人がくぐります。

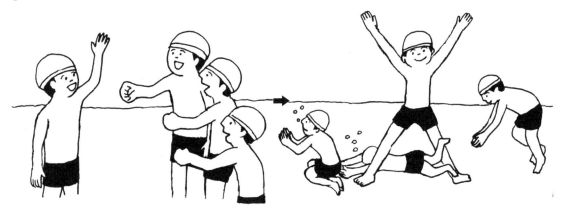

【2人が勝ったら】 2人がトンネルで，2人がくぐります。

【3人が勝ったら】 3人でつくったトンネルを，1人がくぐります。

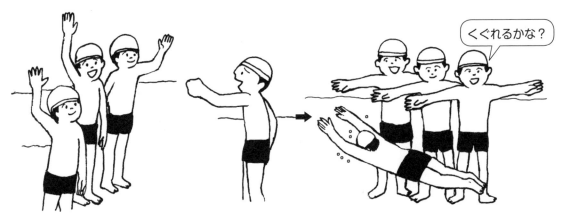

5 楽しさを広げる活動の工夫

1 リズム水遊び

❶リズム水遊びとは？

　リズム水遊び（中学年以上では「リズム水泳」）は，音楽に合わせて，浮いたりもぐったり，手足を動かしたりして，水遊びの楽しさを広げる活動です。1時間の始めに，水慣れに続けて短時間で行います。

❷リズム水遊びの準備
【音楽（曲の選定，機器の準備）】
　子どもたちになじみのある曲を使うと，1番と2番で隊形を変えても同じ動きで踊れます。曲のテンポがはやいと動きを合わせにくいので，行進のはやさくらいの曲が適当です。運動会で踊った曲のダンスを一部変えて行うこともできます。
【笛，教師用振りつけカード】
　リズム水遊びは，「動きを全部覚えて，間違えずに踊る」というものではありません。プールサイドで教師がやって見せ，ポイントとなる動きの際には笛を吹いて大きな声で始まりや終わりの合図をします。
　教師がプールサイドで見ながら指示をできるように，ラミネートした振りつけカードを準備します。

❸リズム水遊びの隊形（18ページ参照）
【1番】
　コースの線の上で，教師の方を向いて1人やペアで動きを行う。
【2番】
　4～6人で輪になり，輪の中心を向いて同じ動きを行う。

【リズム水泳で行う動きの例】

（曲の始まり）水に慣れる動き，手や足で水をとらえる動き			
上に向かって水をかける	手のひらでゆっくり水を押しながら体をひねる	クロールの手の動き（顔を上げて→水につけて）	平泳ぎの手の動き（顔を上げて→水につけて）

呼吸（吐く・吸う）を繰り返す動き（バブリング・ボビング）			
手をひざにおき，ゆっくり息を吐く（バブリング）	手を頭にのせてもぐって立つ	もぐってジャンプ（ボビング）	2人組で手をつなぎ，揃ってボビング

浮く動き（できない児童はプールの底に片足をつけてもよい）			
つかまって浮く	だるま浮き	大の字浮き	ふし浮き

グループで楽しめる動き			
手をつないで輪をつくる	手をつないで回る	みんなで大の字浮き	もぐってジャンプ

1，2，3年生 リズム水遊び「崖の上のポニョ」

歌：藤岡藤巻と大橋のぞみ　2分44秒

	歌詞	具体的な動き	
1	前奏（4×2） 1，2，3，4，5，6， （◆せーの！）	・2人組で，向かい合ってその場で足踏みをします。 ※カウント7，8の時点で，教師が次のじゃんけんのかけ声を言います。	
2	ポーニョ ポーニョ ポニョ さかなの子 青い海からやってきた ポーニョ ポーニョ ポニョ ふくらんだ まんまるおなかの女の子 （4×8）	・ペアで向かい合って，体でじゃんけんをします。 ・勝った子は両手を横に伸ばし，負けた子は手の下をくぐるように相手の周りを1周します。（①） ・あいこは腕を組んで，2人で1周します。（②×2）	最初はグー！ じゃんけんぽん！ 勝った子 あいこ 負けた子
3	間奏 （4×4）	・教師の方を向き，肩まで水につかって前に手を伸ばします。 ・両方の手の平でゆっくり水を押しながら左右に体をひねります。	
4	ペータペタ ピョーンピョン 足っていいな かけちゃお！ ニーギニギ ブーンブン おててはいいな つないじゃお！ （4×8）	・手を横にして，つま先を上げ，かかと立って，ペンギン歩きでその場で1周歩きます。（①） ・手をチョキにして，口まで水に入れ，息を吐きます（バブリング）。 ・「パッ」と息を吐きます。（②×4）	①ペンギン　②かに
5	あの子とはねると 心もおどるよ パークパクチュッギュッ！ パークパクチュッギュッ！ あの子が大好き まっかっかの （◆せーの！） （4×10）	・手で水を真上にかける。（①×4） ・両手を横に広げ，水面を2回たたいた後，頭の上で2回手をたたきます。（②×2） ・肩まで水につかり，手を横に伸ばして，左右に体重移動します。（③×4）	

	歌詞	具体的な動き
6	ポーニョ ポーニョ ポニョ さかなの子 青い海からやってきた ポーニョ ポーニョ ポニョ ふくらんだ まんまるおなかの女の子 (4×8)	・ペアで向かい合って、2と同じ動きをします。
7	間奏 (4×8)	隊形移動 ・4人グループで手をつないで輪をつくり、手をつないだまま回ります。
8	フークフク いいにおい おなかがすいた 食べちゃお！ よーくよく 見てみよう あの子もきっと見ている (4×8)	・輪の中心を向き、手を前に伸ばします。 ・両手で水をすくい、顔を洗うように顔に水をかけます。(①×2) ・手を前に伸ばして顔を水につけ、手をかいて顔を上げます。(②×2)
9	いっしょに笑うと ホッペがあついよ ワークワクチュッギュッ！ ワークワクチュッギュッ！ あの子が大好き まっかっかの(4×10)	・輪の中心を向き、5と同じ動きをします。
10	ポーニョ ポーニョ ポニョ さかなの子 崖の上に やってきた ポーニョ ポーニョ ポニョ 女の子 まんまるおなかの元気な子 (4×8)	・ペアで向かい合って、2と同じ動きをします。
11	終奏 (4×5)	・4人で手をつなぎ、前に歩いて集まりながら手を上げます。手を下げながら後ろに広がります。(×2) ・3回目は中央で手を離し、ばんざいをしながら後ろに倒れます。

2　グループで選んで遊ぼう

これまで紹介してきた水遊びをアレンジして，4人グループでいろいろな遊びができます。

❶じゃんけんリクエスト
【行い方】
- 4人グループでじゃんけんをして，1番勝った子が動きをリクエストします。
- 「せぇの！」の合図で，残りの3人がリクエストされた動きを行います。
- リクエストした子は，1番上手だった子の名前を言います。

❷ペットボトルビーチフラッグス
【行い方】
- グループに2本，500 mlのペットボトルを用意し，1人がペットボトルを持ちます。
- 「レディー，ゴー！」の合図で後の3人が走ってペットボトルを取ります。
- 2人になったら，ボトルを1本にして決勝戦をします。

❸グループ対抗ビート板リレー
【行い方】
- ビート板をバトンがわりに，リレーをします。
- ビート板を両手で持てば，走っても泳いでもよいです。
- 相手グループの1人が折り返し地点で関所となり，その子にじゃんけんで勝つまで通過できない，というルールにしても楽しめます。

3　プールの場の使い方

　単元の後半には，経験した遊びの中から，グループで遊びたい水遊びを選んで遊びます。
　いろいろな遊びが入り乱れると危険なので，教師がいくつかに遊びを絞り，それぞれの遊ぶ場所と動きの方向を決めて行わせます。
　教師は3人で，下図のように役割を分担し，安全監視と安全指導を行います。

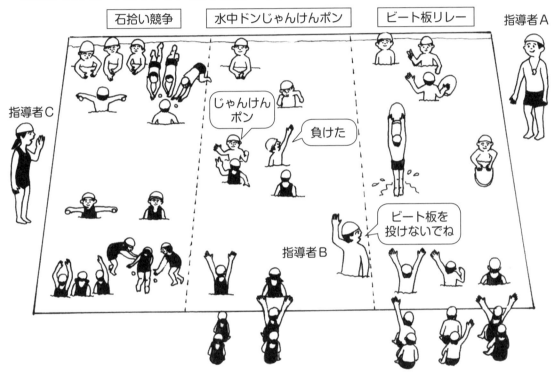

ここがポイント！　**安全指導は「プールの入り方・用具の扱い」に注意**

　グループ活動など，子どもたちが自由に活動する時は，安全面でも注意が必要です。
　特にプールの入り方は，だんだんと勢いよく「ドボン！」と入るようになるため，図のように体の横に手をついて，後ろ向きで水に入るようにします。また，ビート板を急いで渡そうと投げる子がいるので，しっかり手渡しをするように指導します。

学習カード

(　　ねん　　くみ　　なまえ　　　　　　　　　)　※できたところは、○にいろをぬりましょう

●できるかな(できたら○にいろをぬりましょう)

・かおをみずにつけて、くちやはなからいきをはくことができる		○
・めをあけてもぐることができる	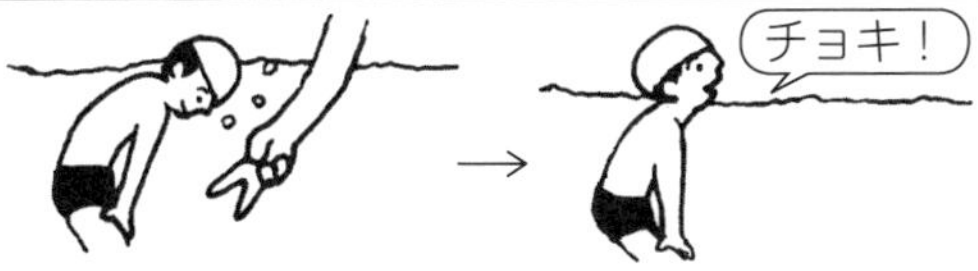	○
・「ブクブク パッ」のこきゅうをくりかえしできる		○
・ビートばんなどのほじょぐをつかってうくことができる		○

●ちょうせんしてみよう(できたら○にいろをぬりましょう)

・くらげうき 	・だるまうき 	・ふしうき、たちかた 	○
・かべをけってけのびができる			○
・ビートばんでばたあしができる	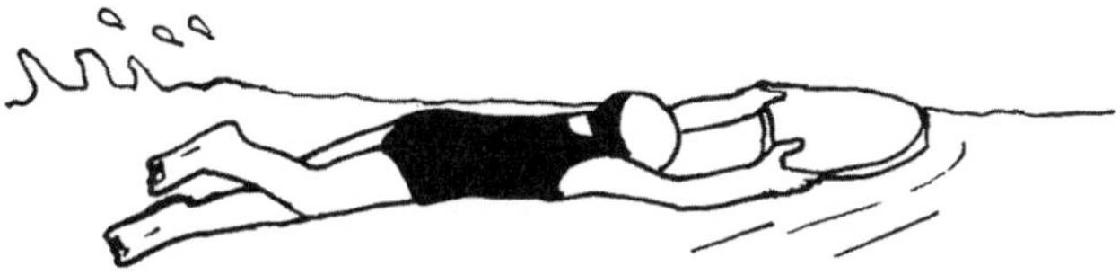		○

●ふりかえり(◎よくできた ○ふつう △すこしできなかった)

	1かいめ	2かいめ	3かいめ	4かいめ	5かいめ
たのしくできた					
なかよくあんぜんにできた					
じょうずにできた					

第2章 小学校1・2年生「水遊び」

水が苦手な子への活動の工夫

　幼少期に水に入る経験が少なかった子どもは，「水に入ると溺れてしまうのではないか」「水を飲んでしまうのではないか」などの不安を感じています。

　また，水の冷たさや水圧への違和感，顔に水がかかる（特に鼻や耳に水が入る）ことへの不快感があることが多く，水中でリラックスできません。

例：顔を水につけなくても，友達につかまって浮ける

　そのような子どもには，易しい動きで安心して楽しめるように段階的な活動を工夫します。

❶ まず「水を怖がっている子，水が苦手な子」を見つけて支援する

　水遊びをしていると，立ちすくんでいたり顔を何度も拭いたりしている子どもがいます。そのような子を見つけたら，教師がそばに行って支援します。

　その際，教師が向き合って「じゃあ，先生と一緒に鼻まで水につけてみよう」「できたね！じゃあ次は目まで頑張れ！」と励ますだけでは，子どもにとっては「頑張るほど，より高いハードルが課される」というプレッシャーになりかねません。「一斉学習で，他の子と同じことができるように支援する」だけでなく，「活動そのものを工夫する」必要があります。

❷ 「その子にもできる遊び方」で水の心地よさを味わわせる

　そこで初めのうちは，「水に顔をつけなくても，水の楽しさ・心地よさを味わえる遊び」を工夫します。例えば水に顔をつけられない子は，これまで自分の力で「フワッ」と水に浮く心地よさを味わうことはほとんどなかったはずです。そこで，30ページの「じゃんけんタクシー」のような遊びで「苦手な子は顔を水につけなくてもいいですよ」と指示をします。そうすれば，じゃんけん遊びを楽しみながら，友達に手を引いてもらって「フワッ」と浮く心地よさや，「スーッ」と進む気持ちよさを味わうことができます。

❸ 「個人差に応じて楽しめる」ように工夫する

　同じように，競争遊びの時には得意な子にハンディをつけたり，もぐる遊びの時にはもぐる深さに選択肢を設けて，もぐる子自身が決められるようにしたりするなど，個人差に応じてどの子も楽しめる工夫をすることで，水が苦手な子も安心して楽しめるようになります。

最初はこのくらいの深さにして

いいよ

第3章

小学校3・4年生「浮く・泳ぐ運動」

中学年は「浮く・進む実感」を大切に

「浮く・泳ぐ運動」では,「こうやったらうまく浮けた」「なるほど,こうすればよく進むんだ！」と子どもが実感できるような活動を工夫します。

活動のポイントは,「①ペアの補助と声かけで,安心して練習できるようにする　②手,足の動きを別々に練習し,ゆっくり動かして『自分が手足をどのように動かしているのか』を意識させる」の2点です。

クロールも平泳ぎも,合言葉は「1, 2, パッ, 4」です！

1 「浮く・泳ぐ運動」指導のポイント

1 中学年の学習内容を理解しよう

　中学年の技能の内容は，「浮く運動」と「泳ぐ運動」の2つです。そのうち，学習の中心となるのは「泳ぐ運動」ですが，小学校学習指導要領ではその内容が「①補助具を使ってのキックやストローク，②呼吸をしながらの初歩的な泳ぎ」と示されています。

　①の「キック」とは，ばた足やかえる足などの足の動きのことで，「ストローク」とは手の動きのことです。②の「呼吸をしながらの初歩的な泳ぎ」は耳慣れない言葉ですが，詳しくは94ページのコラムで説明します。上記の内容を大まかにいうと以下の通りです。

◆中学年では，補助具や補助を活用して，クロールと平泳ぎの手足の動きを学習する。
◆それらの動きを使って，「なんとか」呼吸をしながら泳いで進めることが目標である。

　ただし，呼吸も含めた「クロール・平泳ぎの完成形」は中学年では求めていないので，指導の際には「ここができていないから，不合格」など，泳ぎの形による評価はしません。

2 平泳ぎも1学期中に練習できる単元計画を

　多くの小学校で，中学年の学習は3年生でも4年生でも「クロール→平泳ぎ」という順番で単元計画が立てられています。ただ，水泳学習は天候の影響を受けやすく，クロールに時間をかけて指導していると，7月に平泳ぎの指導をしようと思ったら雨が続いて，1度も平泳ぎを練習しないまま夏休みを迎えてしまった，ということにもなりかねません。平泳ぎの方が動きが複雑で習得に時間がかかるからこそ，はやめに経験させ，夏休みを含めて繰り返し練習できるようにすることが大切です。単元計画を立てる際には，クロールと平泳ぎを2時間ごとに交互に練習するようにするなど工夫して，3年でも4年でも，1学期のうちに平泳ぎを練習できるように計画しましょう。

平泳ぎは難しいからこそ3年生から！

3 1時間の前半は「エンジョイタイム」

　1時間の授業の中では，水慣れも兼ねて，最初に「リズム水泳」を行います。次に「エンジョイタイム」として，グループで行うゲームなど，今もっている力で楽しむ活動を行います。音楽に合わせて水中で動いたり，友達と活動したりすることを楽しみながら，浮いたりもぐったりすることに慣れ，呼吸の感覚や水中で手足を動かして進む感覚を味わいます。

4　1時間の後半は「ポイント学習」→「コース別練習」

　1時間の後半は，教師が泳ぎのポイントを指導する「ポイント学習」や，自分でコースを選んで泳ぎの練習をする「コース別練習」で泳ぎの練習を行います。中学年では，泳ぎ方がわかっても，いざ泳ぎだすと「がむしゃら泳ぎ」になってしまう子が多くいます。

　そこで，ビート板などの補助具を使ったり，ペアの友達が浮くことや進むことを補助したりすることで，安心して浮いたり進んだりしながら，自分の動きを意識して練習をさせます。また，ペアの友達が声をかけることで，声に合わせてリズムを意識して頑張れます。

【補助】
・浮きやすくなる
・進みやすくなる
→安心して練習できる

【声かけ】
1，2，パッ，4。
1，2，パッ，4。

支えてもらって，安心して浮けるから，自分の動きを意識できる。

かけ声が聞こえるから「頑張ろう」と思える。

5　手・足の分習と面かぶりの泳ぎで，「浮く・進む動き」を身につける

　子どもが意識して練習するためには，1つの動きに集中できるように，手足の動きを別々に練習する「分習法」が効果的です。また，呼吸の際には，重い頭部を水面上に上げる必要があるため，姿勢のバランスが大きく崩れます。そこで，泳ぎを身につける初歩の段階では，呼吸をしない＝顔を水面上に上げない「面かぶりの泳ぎ」の練習を設定します。

　手・足の動きを別々に練習し，面かぶりの泳ぎで「浮く・進む動き」をしっかり身につけた上で，呼吸の練習へと段階的に進むことが効果的です。

6　「面かぶり，手だけクロール5かき！」で自分の伸びを意識する

　いくらポイントを丁寧に伝えても，練習の行い方として，「反対の壁まで泳ぐよ。よーい，ピッ！」と言ったのでは，結局がむしゃら泳ぎになってしまいます。そこで，「面かぶり（顔を上げない）手だけ（足は動かさない）クロールで，ゆっくり5かきしたらその場で立ちます」と，動きと回数を指定すると，子どもたちは顔を水につけたまま，手の動きに集中して，5回でできるだけ遠くまで進もうとします。そのことで自ずと「手足で水を捉えてよく進む動き」に意識が向くようになります。また，同じ練習を2回繰り返すことで，友達と比べるのではなく「1回目の自分の記録をさらに伸ばそう」という意欲が高まります。

2 「浮く・泳ぐ運動」の授業の進め方

1　1時間の流れ

❶水慣れ，リズム水泳（10分間）18ページ参照

❷エンジョイタイム（10分～15分間）

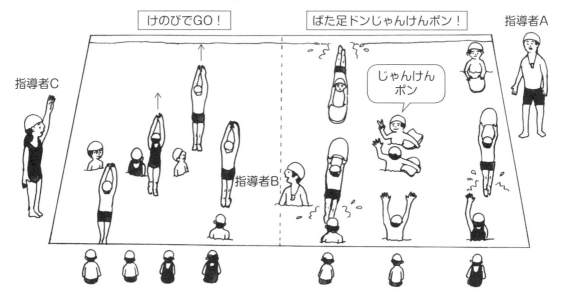

❸ポイント学習（単元の前半，10分～15分間）

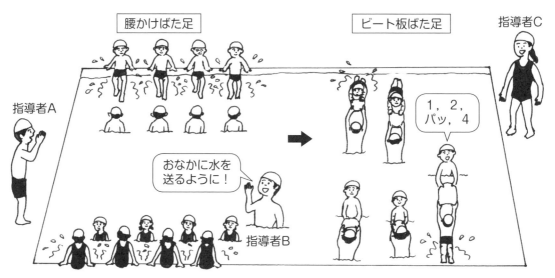

❹コース別練習（単元の後半，10分〜15分間）

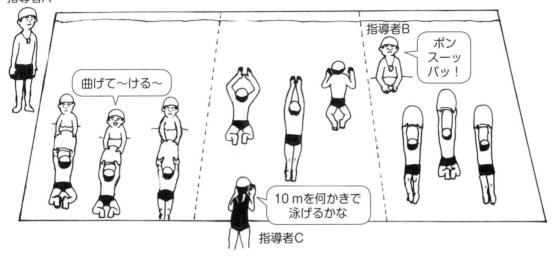

❶水慣れ，リズム水泳（10分間）18ページ参照

❷エンジョイタイム（10分〜15分間）

　4〜6人程度のグループをつくり，グループ内やグループ対抗で，友達と一緒に運動したりゲームしたりします。単元の前半は全員が同じ活動をして活動の仕方を知り，単元の後半はグループで活動を選択して，活動ごとのコーナーで楽しみます。（図は単元後半の例）

❸ポイント学習（単元の前半，10分〜15分間）

　1時間の後半は，単元の前半と後半で活動内容が違います。単元の前半は「ポイント学習」として，クロールと平泳ぎの手足の動きや面かぶりの泳ぎ及び呼吸のポイント等について，一斉学習で教師が指導し，ペアで補助し合いながら練習します。

❹コース別練習（単元の後半，10分〜15分間）

　単元の後半は，子どもたちが自分の課題に向かって練習する「コース別練習」です。泳力に個人差があるので，課題別または泳力別に2つから3つのコースを設定して，子どもが自分の力に応じた練習の場を選びます。プールの横方向（10m）を使い，それぞれの場に1人ずつ教師がつきます。中学年なので，練習する泳法や練習方法は，教師が指示します。

❺確かめ泳ぎ，学習の振り返り（5分間）

　今日の学習の成果を確かめるために，子どもの実態に応じて，ポイント学習やコース別練習の場所で「確かめ泳ぎ」をします。最後に，学習の振り返りをします。

2 「浮く・泳ぐ運動」の単元計画（3年生：10時間扱いの例）

	1時	2時	3時	4時	5時
段階	「知る」 みんなで一緒に，クロールや平泳ぎの手足の動きを学びます。				
1 水慣れ	リズム水泳「風の向こうへ」(88ページ) ・単元の前半では，音楽に合わせた動き方を知り，ペアやグループの友達と一緒に楽しみながら，呼吸や泳ぎにつながる動きに慣れます。				
2 エンジョイタイム	オリエンテーション ・第1時は，活動をしながら，グループでの学習の仕方を学びます。 いろいろな浮き方 →56ページ	変身浮き→58ページ ばた足ずもう→90ページ		け伸びでGO！→59ページ （ひっぱる）（おす） ビート板ばた足競争 →90ページ	
3 ポイント学習	伏し浮き，け伸び →57・59ページ	クロールの手足の動き →60ページ		平泳ぎの手足の動き →72ページ	

◆10時間の単元を,「知る」「取り組む」の2段階で計画しています。3年生の例を示していますが,4年生では呼吸の練習の時間や,「取り組む」段階の時間を多くします。

6時	7時	8時	9時	10時
「知る」 みんなで一緒に学びます。		「取り組む」 自分の力に合ったコースを選んで練習します。		
|| 1 リズム水泳〜楽しさを広げよう〜 ・単元後半は,音楽に合わせてペアの友達と動きを合わせたり,グループで考えた動きをつけ加えたりして,楽しさを広げます。			
変身浮き・け伸びでGO！ || 2 エンジョイタイム　グループで選んで遊ぼう ・グループで行いたいゲームを選び,ゲームごとの場所にわかれてグループで楽しみます。			
ばた足ドンじゃんけんぽん →91ページ || 3 チャレンジタイム　コースを選んで練習しよう ・自分の力に合ったコースを選んで練習します。 うきうきコース 補助具を使って手足の動きを練習します のびのびコース 呼吸をしながら10〜25m泳ぐことを練習します すいすいコース 面かぶりの泳ぎで補助具を使って呼吸の練習をします			
面かぶりの泳ぎ →66・80ページ （4年生は呼吸しながらの泳ぎ） || 確かめ泳ぎ・学習のまとめ　（第10時） ・できるようになった泳ぎを確かめ,学習を振り返ります。			

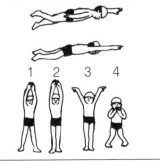

第3章　小学校3・4年生「浮く・泳ぐ運動」

3 浮く運動

1 いろいろな浮き方

活動のねらい いろいろな姿勢で浮き,「体が水に浮く」という感覚を味わう

中学年では補助具なしで水に浮くことに挑戦しますが,そのポイントは息をいっぱい吸って,フワーッと浮くことです。息をたくさん吸うことで,肺の中の空気が「浮き袋」になります。また,体の力を抜いてリラックスできると,さらに浮きやすくなります。

❶くらげ浮き
【行い方】
・手をダラ〜ンと下に伸ばし,息をいっぱい吸って,顔を水に入れて足を離します。
※1人では難しい子は,友達が手をつないで補助します。

❷大の字浮き
【行い方】
・くらげ浮きから,手足を大きく伸ばして,漢字の「大」の字のように浮きます。
・耳までしっかりと水に入れます。
・息をいっぱい吸い,10数える間浮きます。

❸だるま浮き（チャレンジ）
【行い方】
・両方のひざを曲げて,小さなおだんごになるように手でひざをかかえ,頭を「グッ」と水に入れます。
・背中が水面に「ポコッ」と浮いてきたら成功です。

2 伏し浮き

　陸上で運動をする時は，運動の対象を見るために，前を向いて運動しています。そこで，水に浮く時にも，多くの人が無意識に前方を見ています（図1）。この姿勢で泳ぐと，体の前面に水の抵抗を受けるので，浮きにくく進みにくくなってしまいます。そこで，プールの底の線を見るように，あごを引いて耳まで水に入れるようにすると，体が浮きやすくなります（図2）。教師が図1と図2の姿勢をやって見せて，どこが違うかを子どもに気づかせたり，子ども自身がペアで交互に2つの姿勢をやってみて，見合わせたりすることも効果的です。

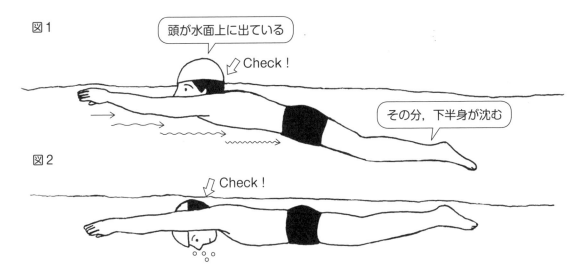

❶つかまって伏し浮き
【行い方】
- 肩まで水につかり，ペアの友達につかまって，息をいっぱい吸ったら，あごをひいて耳まで水につけます。
- ペアの子は，10数えながら手を引いてゆっくり後ろに歩きます。

❷伏し浮き
【行い方】
- 肩まで水に入り，手を前で揃えます。
- 息を吸って，頭を水に入れながら，足を軽くけってプールの底から離します。

❸変身浮き ※「エンジョイタイム」の活動にも取り入れます
【行い方】
・途中で息をしないで，笛の合図で３つのポーズに姿勢を変えます。

（ピー！）だるま浮き　　　（ピー！）大の字浮き　　　　（ピー！）伏し浮き　　（ピピー）立ちます

  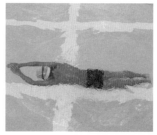 

※水に顔をつけたまま指示を聞くので，笛で合図し大きな声でわかりやすく指示をします。

> **ここがポイント！**　伏し浮きからの立ち方も教える

　浮くことに慣れていない子は，浮いた姿勢から立ち上がる時に「落とし穴」があります。顔だけを前に上げて息をしようとすると，下半身が沈んで体全体が水中に引き込まれ，溺れるような思いをしてしまうことがあるのです。そこで，「立ち方」についても指導をします。

下を向いたまま，ひざをおなかの方に引き寄せます　　手で水を下に押しながら，足をプールの底につけます　　足がついたら，ゆっくりと顔を上げます

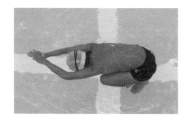  

３　け伸び

　泳ぐ時には，進むことを妨げる「体の前面の抵抗」を減らすことがとても大切です。この，抵抗の少ない流線形の姿勢を「ストリームライン」と言います。

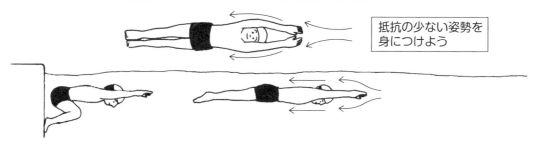

抵抗の少ない姿勢を身につけよう

❶け伸びの姿勢
【行い方】
・指先を伸ばし，頭の上で両手を揃えます。
・あごが胸の骨につくようにグッと引きます。
※最初は耳より少し前で腕を組んでいる子が多いです。腕を耳の後ろで組ませるようにし，ペアで向き合って，互いに前から耳が見えるか確認させます。

❷プールの底をけってけ伸び
【行い方】
・息を吸って，手を揃え，しゃがんで頭まで水にもぐります。
・プールの底をけって，10数える間手足を揃えて進みます。

❸壁をけってけ伸び
【行い方】
・息を吸い，頭まで水にもぐって手を伸ばす。両足で壁を力強くけり，10数えたらその場で立ちます。
・2回目は，1回目より遠くまで進むことに挑戦します。

❹け伸びでGO！※「エンジョイタイム」の活動にも取り入れます
【行い方】
・ペアの友達が，壁から5m程度離れたところで，足を開いて体を横向きにして立ちます。
・ペアの子の両手を持って，自分の体の前を引き，通り過ぎたらかかとを両手で押します。
※補助する子は，自分の体全体を使って，右から左へ大きく引いたり押したりします。

泳ぐ運動「初歩のクロール」

　学習指導要領解説には、「初歩のクロール」という言葉は出てきません。「初歩的な泳ぎ」として「クロールなど以外の泳ぎ」と書かれています。本書ではそれを「泳法としては未完成だが、何とか呼吸しながら進めるクロールのような泳ぎ」ととらえ、「初歩のクロール」として段階的な練習方法を紹介していきます。平泳ぎについても同様です。

1　ばた足泳ぎ

　まず、「ばた足」と「ばた足泳ぎ」の用語の使いわけですが、壁や補助具につかまって足を動かす動作を「ばた足」と呼び、補助具等を使わずにばた足で進む泳ぎを「ばた足泳ぎ」と呼びます（これは「かえる足」も同じです）。

　水泳で大切なことは進むための手足の動きと進むことを妨げる抵抗を減らすことの2点です。

　例えばばた足をする時、子どもたちは、無意識にかけ足や自転車こぎのような動きをしてしまいます。しかし、この動きでは進むために水を後ろに送る動きにならないばかりか、ももで水を前に押してしまい、大きな抵抗となって進むことをじゃましてしまいます。また、ひざを曲げて水面をたたくようなばた足は、けっている手応えはありますが、前に進むことにはつながりません。そういった水泳特有の「進まない理由」を知り、指導に生かしていきます。

❶腰かけばた足

　ばた足の推進力は、足の甲で水を後ろに送ることです。ばた足の練習では、この「足の甲で水を送る」感覚を味わえる活動を工夫し、「どうやったら水を送り出せるか」を考えながら運動することで、ばた足の感覚を身につけていきます。

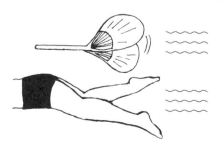

うちわで風を送るように足先をやわらかく

【行い方①】
・手を後ろにつき，できるだけ浅く腰かけて，ひざまで水に入れます。
・ひざまで水に入れて，右・左と1回ずつ足の甲で水面に水が盛り上がってくるようにける。
・だんだんとはやくけります。
※腰とひざが曲がってしまうので，普段椅子に座る時のように座りません。

【行い方②】
・ペアの友達が水中で1mくらい前に立ちます。
・ひざを曲げて，友達のおなかに水が当たるように足の甲で水を前に送り出します。

水が当たってきたよ

【ありがちなNG】
　水面上に足を上げて水面をたたいたり，自転車こぎのようにひざが上下したりしている子どもは，両ひざをそっと押さえて……。

【言葉かけ・指示】
◆サッカーのPKキックのように，片足ずつ足の甲で水を前にけってみましょう。
◆ペアの子のおなかに水が当たってきたよ！

❷壁持ちばた足
【行い方】
- 顔を上げる時は,プールの壁にひじをつけます。
- 顔を水につける時は,ひじを伸ばして肩まで水に入れます。
- 友達の「1,2,パッ,4」のかけ声に合わせて呼吸をします。

❸ビート板ばた足
【行い方】
- 顔を上げて泳ぐ時は,ビート板の前を持ちます。
- 初めは1人ではよく進めない子がいるので,全員がペアの友達に引かれてばた足をします。
- 顔を水につけて泳ぐ時は,ビート板の横を持ちます。
- ペアの友達の「1,2,パッ,4」のかけ声に合わせて,呼吸をしながらばた足をします。

❹面かぶりばた足泳ぎ
【行い方】
- 息をいっぱい吸って,もぐってけ伸びをします。
- 教師が大きな声で10数える間ばた足泳ぎをして立ち,進んだ距離を確認します。
- 2回目は,1回目より進む距離を伸ばします。

【言葉かけ・指示】
◆足の親指同士がこすれるようにけりましょう。

2　クロールのストローク

　クロールでは,「1, 2, 3, パッ!」と4回腕を回し,4回目で呼吸をする方法があります(図1)。この言い方だと,「いち, にぃ, さん……」と,腕のかき始めに力が入り,かき終わりに力が入らないので,初歩の段階では,「進まないクロール」になる恐れがあります。

図1

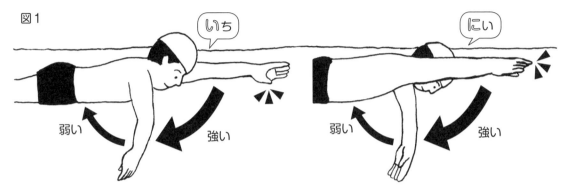

　その理由は,陸上での運動と水泳の特性の違いにあります。陸上では,地面を強くけって跳んだり,ボールを強く打って飛ばしたりと,ける瞬間・打つ瞬間に一番力を込めています。

　しかし,水は地面やボールのような固体ではなく液体なので,最初に強く押すと,水そのものが動いてしまい,力は逃げてしまいます。また,腕をはやく回すことで,結果的に「がむしゃら泳ぎ」になり,け伸びの姿勢が崩れて正面からの水の抵抗も大きくなりがちです。

　水中で最も効率よく水を後ろに押せる動きは,かき始めから終わりにかけての加速度的な動きです。そこで,かき終わりに力を込められるように,「1」で1回腕を回すのではなく,「1」でももまでかき,「2」で手を前で揃えるという「初歩のクロール」のリズムを考えました。

　子どもにかけ声をかける時も,かき終わりに力を込めることを意識できるように,「いぃ〜ち, に, さぁ〜ん, よん!」と,1と3は数字の終わりを強調して伝えます。

　また,かいた手を毎回前で揃えて,「け伸びの姿勢」に戻し,正面からの水の抵抗が少ない姿勢にすることで,前に進むことをできるだけ妨げないようにします(図2)。

図2

❶陸上で手のかき
【行い方】
- 1「いぃ〜ち」。右手をももまででまっすぐにかきます。
- 2「に」かいた手を回して手の甲を揃えます。
- 3「さぁ〜ん」左手をももまでまっすぐにかきます。
- 4「よん」かいた手を回して手の甲に揃えます。

【ありがちなNG】
　「1，3」の時に，無意識に「気を付け」のように手の平をももに向けてしまうと，手の平で水を押すことができません。「1，3」の時は，手の平を後ろに向けて，親指がももにさわるようにさせます。慣れてきたら，泳ぐ姿勢に近づけるために頭を下げて，手を前に伸ばして行わせます。ももと手の甲にさわることを意識するように，「タッチ，タッチ」とかけ声をかけてもよいでしょう。

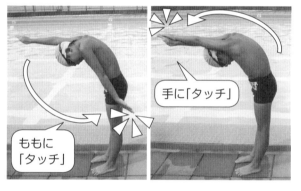

❷水中で歩きながら手のかき
【行い方】
- 肩まで水につかり，手を伸ばして揃えます。
- 息を吸い，耳まで水に入れます。
- 教師が10まで数え，呼吸をせずに5かきしたら立ちます。

【言葉かけ・指示】
◆ひじを伸ばして体の後ろまでしっかり水を押しましょう。

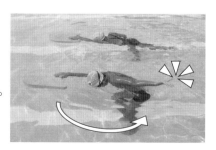

❸ビート板を引かれながら手のかき
【行い方】
- ビート板の下部中央で手を揃え，片手ずつ下に滑らせるようにして水をかきます。
- ペアの友達がビート板の前を持ち，耳元で大きな声で「1，2，3，4……」と10まで数えながら後ろに歩きます。

【言葉かけ・指示】
◆ペアの友達は，耳元で大きな声でかけ声をかけてあげましょう。
◆耳まで水に入れていたか，手の平が上を向いて水から出てきたかを見て，友達に伝えましょう。

　ここでは補助されながらも体を浮かせるので，無我夢中になってしまい，泳ぎが崩れてしまう子もいます。
　そこで，「耳元で声をかける」「泳いだ後でできていたかを言う」という友達のかかわりが大切になります。声をかけられることで，意識して頑張ることができます。

いぃ〜ち,に,さぁ〜ん,よん！

❹面かぶり手だけクロール（5かき）
【行い方】
- け伸びの姿勢で，ばた足をしないで，手のかきだけで5m以上進みます。
- 水に顔をつけたまま「どうやったらしっかり水を押せるか」を考えながら泳ぎ，手で水をかいて進む感覚を実感します。
- 10まで声をかけるので，かけ声に合わせてゆっくり5かきしたら立ちます。
- 足が沈みそうな人は，水の中で「そよそよ」とばた足をしてもかまいません。

【言葉かけ・指示】
◆1人で浮けない子は，ビート板を持って，ペアの友達に引いてもらいましょう。
◆息をいっぱい吸って，せーの！　もぐって，け伸びぃ〜！　いぃ〜ち，に……，じゅう！

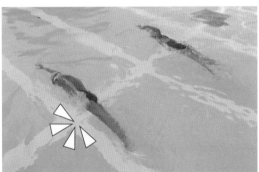

3 面かぶりクロール

【行い方】
- 1 「いぃ〜ち」両手を前で揃えて，片方の手を，ももまでまっすぐにかきます。
- 2 「に」手を揃えます。かいた手を前に出し，前の手に揃えます。
- 3 「さぁ〜ん」手をかきます。反対の手をももまでまっすぐにかきます。
- 4 「よん」手を揃えます。

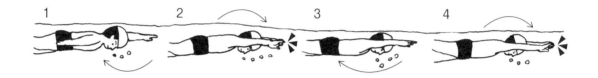

　ばた足は，おなかに力を入れて，水の中に向かって休まずにけり続けます。手は，おなかの下をまっすぐにかいて，親指がももにさわるまで後ろに押すことがポイントです。

❶面かぶりクロール5かき
【行い方】
- 面かぶり手だけクロールにばた足を加えて，距離を伸ばします。

【言葉かけ・指示】
- ◆ドッドッドッ……と力強くばた足をしましょう。
- ◆頭をグッと水に入れて，かかない方の手はいつも前に伸ばしていましょう。

❷面かぶりクロールで距離に挑戦
【行い方】
- 息をいっぱい吸って，10mを目標に面かぶりクロールで泳ぎます。

【ありがちなNG】
　水をかく時にはひじが曲がりがちですが，手のひらで水をとらえることでよく進むので，初歩のクロールではひじを曲げずにまっすぐにかき，大きな軌道で水をとらえられるようにします。

4　クロールの呼吸

　ばた足と手のかきは比較的単純な動きですが，呼吸となると難易度がグッと高くなります。
　浮く力を生み出す要素には，「抗力」と「揚力」があります。「抗力」は，水を押すと水の抵抗により反対方向に生まれる力で，手足を後ろにかいたりけったりすると前に進む力になり，水を下向きに押すと，体を上に押し上げる力になります。「揚力」は，物体の形により，空気中や水中を移動する際に進行方向と直角に働く力で，飛行機が空を飛ぶことができるのも，はやい速度が揚力を生み出しているからです。（図1）

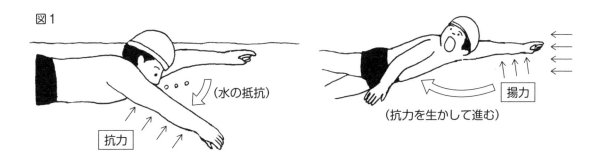

　クロールの呼吸を指導する際には，顔の上げ方など「呼吸する時の動き」に目が向きがちですが，体が沈みながら何とか進んでいる程度の泳ぎでは，顔を水面上に上げるだけの抗力も揚力も生み出せません。逆に，ある程度のスピードで泳げれば，揚力を受けて体も浮き，呼吸時に顔を上げることが容易になります。「よく進むための手足の動き」を大切にし，面かぶりクロールの段階を入れるのはそのためです。
　呼吸のリズムは，面かぶりクロールの「1，2，3，4」のリズムの「3」の部分で呼吸をし，「1，2，パッ，4」というかけ声をかけます。低学年の水遊びから平泳ぎの呼吸まで，全て同じリズムに揃えることで，子どもに覚えやすくします。（図2）

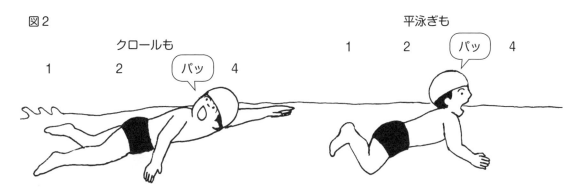

❶陸上で呼吸の練習
【行い方】
- まず,「呼吸の時に,自分はどちらが顔を上げやすいか」を考えさせます。
- その反対側の手からかき始めるようにします(下図は,左で呼吸をする場合の例)。
- 1「いぃ〜ち」2「に」。顔を上げない側の右手をももまでまっすぐにかき,手を回して前で揃えます。
- 3「パッ」。呼吸する側の左手をかきながら,顔を横に回して「パッ」と息を吐いて吸います。
- 4「よん」。かいた手を戻す前に顔を下に向け,手を回して前で揃えます。

【ありがちなNG】

　これまでは,け伸びの姿勢で顔を下に向けたまま頭を動かしませんでしたが,呼吸のために顔を上げる動きが入ると,普段の顔の向きのように,自然と頭が立ってしまいます。

　下を向いたまま顔を横に上げ,前を向かずにまた顔を下に向けるというのは,陸上ではしない不自然な動きなので,子どもたちが動きを身につけやすいように言葉かけを工夫します。
◆伸ばしている前の手に,耳をつけたまま顔を横に上げましょう。
◆後ろを見るようにして顔を上げ,あごを引きながら顔を水に入れましょう。

　また,呼吸をした後,かいた手を見ながら顔を戻すと,最後の視線(=顔の向き)が前向きになってしまいます。かいた手を戻すよりも,先に顔を水に入れることを強調します。

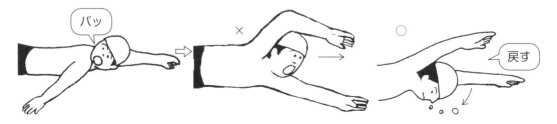

❷水中で歩きながら呼吸の練習

【行い方】
- 肩まで水につかり、水面で手を伸ばして揃えます。（ビート板はなくてもよいです）
- 息を吸い、頭全体を耳まで水に入れます。
- 教師のかけ声に合わせて、歩きながら手を回し、「1、2、パッ、4」で呼吸します。

【言葉かけ・指示】
◆片方の耳を水につけたまま、後ろを見るように顔を上げて息を吸いましょう。

❸ビート板を引かれながら呼吸の練習

【行い方】
- ペアの友達がビート板を持ち、声をかけながら後ろに歩きます。
- 声に合わせて、泳ぎながら呼吸をします。

【言葉かけ・指示】
◆頭が水面より上に立ってしまうと、泳ぐ時に体が沈みます。呼吸の時に顔が前に向いていないかを見て、教えてあげましょう。

　実際にクロールで泳ぐと、2・3回呼吸をしたところで苦しくなって立ってしまう子がいます。それは、呼吸の「動き」はしているけれど実は息を十分吸えていないことが原因で、息を吸えないのは、吸う前に、息をしっかり吐ききれていないからです。

　肺は袋のようなものですから、1度息を吐き出さないと、新しい空気は吸えません。そこで、水中で鼻や口から「フーッ」と細く息を吐き、顔を上げたら最後の一息を「パッ」と吐き出して、その反動で息を吸います。低学年で「ブクブク、パッ！」という遊びをするのもこのためで、ばた足泳ぎや面かぶりクロールの練習の時にも、水中では息を吐くように声をかけます。

❹クロールの呼吸に挑戦！

【行い方】
・1 「いぃ〜ち」顔を上げない方の手をももまでかきます。
・2 「に」かいた手をもどして，前で揃えます。
・3 「パッ」顔を横に上げて，息を吸います。
・4 「よん」すぐに顔を入れて，手を戻します。

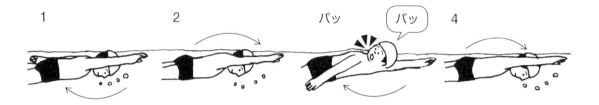

【言葉かけ・指示】
◆手のかき始めに「パッ」と顔を上げて，前を向かずにすぐ顔を水に入れましょう。
◆呼吸の時ほど，おなかに力を入れて，ばた足を強くけりましょう。
◆伸ばしている前の手に，耳をつけるように顔を横に上げましょう。
◆後ろを見るようにして顔を上げ，前を見ないですぐに顔を水に入れましょう。

呼吸の時は体が沈むので，「1，2，パッ，4」で毎回呼吸をするよりも，数かきに1回呼吸したり，苦しくなってから呼吸したりする方が泳ぎやすい子もいます。
　自分の呼吸したいタイミングで呼吸しながら，10 mを目標に泳ぎます。

【ありがちなNG】
　疲れてくると，手足の動きが弱々しくなり，体が沈んでますます呼吸がしにくくなります。
　呼吸の時ほど，手をももまでしっかりとかききり，ばた足を強くけって体を浮かせるように指導しましょう。

クロールの呼吸 つまずきとその解決方法

❶呼吸と反対側の手が，水中に沈んでいる

　お風呂のおもちゃのように，左右の手が常に反対の位置にあるイメージで，手を水面上に上げた時に反対の手を体の下へかいてしまうと，手で水を押さえる「浮く姿勢」がとれずに体が沈んでしまいます。呼吸の間も，片方の手を前に伸ばしておくようにします。

❷呼吸の時にばた足が弱くなり，腰が沈んでいる

　呼吸の時に，上半身に意識がいきすぎるとばた足がおろそかになり，腰が沈んで顔が上げづらくなります。そういった子には，ばた足で強くけるように言います。

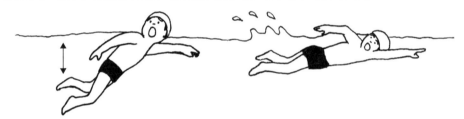

❸顔を上げるタイミングが遅い。顔を上げている時間が長い

　かいた手を前に戻す時は，推進力が弱く体が沈みやすいので，顔を上げるのが遅い子やいつまでも顔を上げている子には，かいた手を戻すより先に顔を水に入れるように言います。

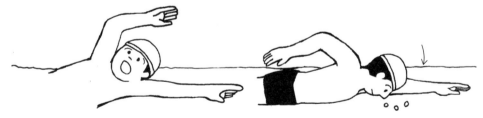

❹体がローリングしていない

　クロールで手をかく際には，実は体幹を中心に上半身がローリング（回転）をしています。もし全くローリングをしなければ，顔だけ横に向けても水面上に口が出ません。多くの子が自然にローリングをしていますが，中には体を全く回転させずに，背中が水面と平行なまま腕だけ回している子もいるので，実際の動きをやって見せたり，肩を水面上に開くように補助したりして，胸を横に向けるように言います。

5 泳ぐ運動「初歩の平泳ぎ」

1 「初歩の平泳ぎ」について

　初歩のクロールは、手も足も概ねまっすぐかいたりけったりする比較的単純な動きで、かいた手も水面上に出して空中で戻すので、水の抵抗を受けにくい泳ぎです。一方、平泳ぎは手足が円を描くような複雑な動きで、かいたりけったりした後の手足を水中で前に戻すので抵抗が大きくなり、なかなか進まない泳ぎになりがちです。

　このような理由で平泳ぎは習得が難しいので、多くの学校でクロールを先に学習しています。しかし、クロールの練習に時間をかけすぎて平泳ぎの学習時間が少なくなってしまうと、かえる足などの課題が解決できずに、平泳ぎに苦手意識をもってしまう子も多くいます。

　そこで、指導の際には以下の点を心がけ、「平泳ぎ嫌い」にしないようにしましょう。

❶「平泳ぎは習得に時間がかかる」ということを意識する

　目安ですが、かえる足が1回の練習で身につく子は約3割、2回目で5割、3回目で7割……という感じです。これは学年が上がっても変わりません。練習の回数を増やすことが、身につく子を増やすことだと意識し、できるだけ3年生のはやい時期から、毎回短時間でいいので、平泳ぎの練習の「回数」を重ねるようにします。また、子どもたちを、「今日できなくても、回数を重ねれば必ずできるようになるよ。次回も頑張ろうね！」と励ましましょう。

❷「進む理由・進まない理由」を知って指導・助言に生かす

　この後のページでは、初歩の平泳ぎの段階的な練習を紹介しながら、複雑な動きの平泳ぎで「どうすると進むのか」「なぜ進まないのか」を解説しています。特に「進まない理由」を知り、子どものつまずきを見つけたり助言したりする際に生かしてください。

❸中学年では、泳法の「完成形」にこだわらない

　平泳ぎでは、せっかく泳げたのに「足首がちゃんと曲がっていないから不合格」という評価をすることがあります。この「ダメ出し」も、平泳ぎ嫌いを増やしている理由の1つです。

　中学年では「平泳ぎの完成形」は求めていません。呼吸をしながらなんとか泳げればOK。「やったね！　だいたいできていたよ。次は足首を練習しようね」と言ってあげましょう。

2 かえる足泳ぎ

　いよいよ小学校水泳の最も大きな課題とも言える「かえる足」です。クロールでも書いた「水中ならではの，進むための手足の動き」と「進むことを妨げる抵抗を減らす」の2点を踏まえて，かえる足が進む理由・進まない理由の代表的なものを紹介します。

【進む理由：「足の裏でける」だけでなく，「足全体でけりはさむ」】

　かえる足は，「足の裏で水を押す」イメージがありますが，小さな面積しかない子どもの足の裏で，外に向かって「けりっぱなし」にけっても，水はほとんど逃げてしまいます（図1）。

　左右の足を2枚のうちわと考えると，水を後ろに送るには「互いを開き，それを閉じて水をはさむ」動きが最も水を捉えられることがわかります（図2）。同じように，かえる足では太ももから足先まで全部の面積を使って，水をはさんで後ろに送ることでよく進むのです。

　平泳ぎでよく進むには，「けりながら足を閉じる＝けりはさむ」ことが大切です。

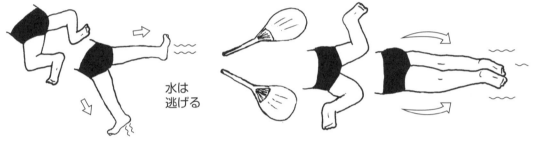

図1　水は逃げてしまう　　　図2　けりはさんで水を後ろに送る

【進まない理由：太もも，腕，顔を前に押し返すことは「大きな抵抗」に】

　陸上生活でかえる足に似た動きは，「しゃがむ姿勢から立つ」動きです。子どもたちも無意識に，水中でそのような動きをしてしまいますが，実はこの動きには大きな問題があります。太ももを前に引きつけることで，大きな面積で水を前に押し返してしまうのです（図3）。

　足を前に引きつけたり，かいた手を前に伸ばしたりする動きは大きな抵抗になるので，「できるだけ前の水にぶつからないような手足の戻し方」を意識して指導します（図4）。

図3　大きな抵抗になる　　　図4　抵抗の少ない戻し方

❶陸上でかえる足

　かえる足で最初に子どもに意識させたいことは,「曲げる」と「伸ばす」のメリハリです。かけ足もばた足も「タッタッタッタッ……」という連続した動きなので,子どもたちはかえる足でも,「ヒョコヒョコ」と動きを止めずに小さな曲げ伸ばしを繰り返してしまいがちです。

　しかし,かえる足はしっかり足を曲げ,力を込めて足を閉じることで進む泳ぎなので,最初は「曲げる」で1度動きを止め,けって閉じた姿勢でもう1度動きを止める練習をします。

　そしてもう1つ,「足首を曲げる」ことも大切な動きなので,いろいろな活動と言葉かけで身につけるようにします。

【行い方】〈足首を曲げる練習〉
・後ろに手をつき,足先を「グー」「パー」と繰り返します。

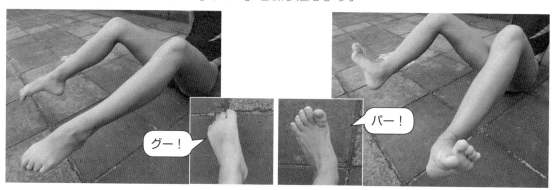

【言葉かけ・指示】
◆足の指が開くようにしましょう。
◆足の甲に筋が出るくらい力を入れましょう。

【行い方】〈一連の動きの練習〉
・基本姿勢から「曲げる」,「けって閉じる」

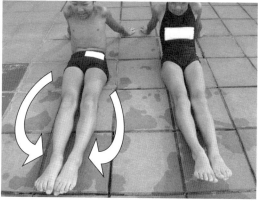

❷腰かけかえる足

　かえる足は，大きくわけると２つの動きがあります。

　動きがわかりやすいのは，図Ａ「ゆったりとしたかえる足」です。またを開いてひざを深く曲げ，足を外にけりだしてから足を閉じると，足先が三角形を描くような動きになります。

　図Ｂ「推進力の大きいかえる足」は，またをあまり開かず，ひざよりかかとが外側になるように足を開きます。ひざを中心に足先が円を描くように動かすと，水をけりはさむ動きになり，推進力の大きなかえる足になります。

　ここでは，子どもたちにＢのかえる足の動きを教えますが，Ａのかえる足になっていても，進めていればよしとします。どちらのかえる足でも，大切なのはけった足を伸ばして閉じる「けりはさみ」の動きで，その点を強調します。

図Ａ「ゆったりとしたかえる足」

図Ｂ「推進力のあるかえる足」

【行い方】
・手を後ろにつき，浅く腰かけて，ひざまで水に入れます。

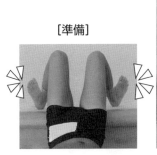
[準備]

曲げる

けって

閉じる

【言葉かけ・指示】
◆ひざより外側で足首を曲げて，かかとを壁につけましょう。
◆ひざを中心に，足先が「卵の形」をなぞるようにけって，最後は足を閉じて足先を伸ばしましょう。

❸壁持ちかえる足

【行い方】
- プールの壁にひじをつけ，あごを水につけて肩まで水に入れ，足を持ち上げます。
- 足首を曲げ，ひざを曲げてかかとをおしりの近くに引きつけます。
- 足先が卵の形をなぞるように丸くけりはさみ，最後はかかとがつくまで足を閉じます。

【言葉かけ・指示】

◆「曲げる」の時に，ひざがおなかの下に入らないようにしましょう。

> **ここがポイント！** かえる足の2つの「NGポイント」

かえる足が身につきにくい大きな理由は2つあります。

1つは「足首に意識を向けにくいこと」です。ばた足は，ももをしっかりと動かせば進みますが，かえる足は足首に力を入れて曲げないとよく進みません。しかし，足首に力を入れるという経験が少ないので，最初はももに力を入れて動かしてしまい，足首には力が入っていない子が多くいます。

そしてもう1つ，進むことをじゃまする最大の理由が「太ももを前に引きつけてしまう動き」です。その動きが最もはっきり表れるのが，この「壁持ちかえる足」です。

「曲げる」の時に，多くの子どもが背中を丸めてひざがおなかの下に入ってしまいます（図1）。これでは水を前に押し返してしまうので，背中を反るようにして，できるだけももを前に引きつけずに，ひざを深く曲げて，かかとをおしりに引きつけるようにします（図2）。

図1

図2
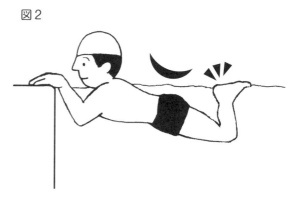

❹ビート板かえる足

【行い方】
- 初めは1人では進みにくいので，全員がペアの友達に引いてもらいます。その後，補助が必要ない子は1人で練習します。
- 友達が大きな声で「曲げる，けって閉じる」とかけ声をかけ，声に合わせて，顔をつけたまま，5回続けてかえる足をします。

【言葉かけ・指示】
◆初めに強くけらず，「グゥ～ン」とだんだん力を入れながら，最後に力を入れて閉じましょう。

【ありがちなNG】
　ける瞬間に力を入れてしまうと，「ける」と「閉じる」が別の動きになり，足が伸びきってから力なく閉じても進みません。「開いた扉を閉じる」ようなイメージで，足先が卵形を描くように動かし，後半にかけて加速しながら，最後に足を閉じる時に最も力を入れます。

❺面かぶりのかえる足泳ぎ

【行い方】
- 息をしないで，手を伸ばして前で組んだまま，かえる足だけで泳ぎます。
- 息を大きく吸い，もぐってけ伸びをしたら，教師が大きな声で「曲げる，けって閉じる」というかけ声を5回繰り返し，かけ声に合わせて5回けったところで立ちます。
- プールの線などで進んだ距離を確認し，2回目を行って距離を伸ばすことに挑戦します。

3　平泳ぎのストローク

　クロールは，1（手をかく）2（戻す）というリズムでしたが，平泳ぎは，1（手を前に伸ばす）2（け伸びの姿勢）3（手をかく）4（指先を合わせる）というサイクルになります。

　まず，全体的な動きとして，指先を「逆ハート形」を描くように動かします（図1）。「3」で手をかく時に，子どもは自然とひじが下がり，手のひらが水底を向いて「窓を拭くような動き」になりがちですが，これでは水をなでるだけで前に進む力になりません（図2）。「3」の時はひじを高くしたまま，手の平を後ろに向けて，水を胸の前にかき込むようにします（図3）。

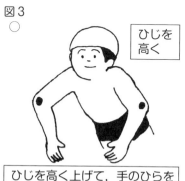

❶陸上で手のかき

【行い方】

- ［準備］顔の前で手を揃えて，手を伸ばす準備をします。
- 「1」両手の指先を揃えて，手を上に伸ばします。
- 「2」手を伸ばして，あごをグッと引き，け伸びの姿勢になります。
- 「3」手のひらを下に向けて，ひじを下げずに逆ハートの形にかきます。
- 「4」顔の前で指先を合わせて，顔を下に向けます。

❷水中で歩きながら手のかき

【行い方】〈その場で立って手のかき〉
- 手のひらの向きを意識できるように,「動きの例え」でイメージをつかみやすくします。
- 指先を下に向け,ひじを上げて,砂場の砂を集めるように水をかきます。
- 手を顔の下で揃え,顔を洗う時のように両手で水をすくいます。
- 頭を「グッ」と水に入れ,集めた水を人にあげるように手を伸ばします。

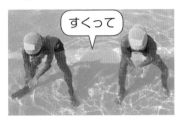

【行い方】〈歩きながら手のかき〉
- 肩まで水につかり,歩きながら手をかいて,水をかく感じをつかみます。

【言葉かけ・指示】
◆「1,2ぃ」の時は,頭をグッと水に入れて手を伸ばしましょう。

❸面かぶり手だけ平泳ぎ

「面かぶり手だけ平泳ぎ」は,手で水をかく動きを実感するために,効果的な練習です。子どもは水に顔をつけたまま「どうやったら手で水を力強くかけるか」を考えながら泳ぎ,手で水をかいて進む感覚をつかむことができます。

【言葉かけ・指示】
◆先生が「かいて,伸びる」と言うので,かけ声に合わせてゆっくり5かきしたら立ちます。
◆足が沈む人は「そよそよばた足」をしましょう。
◆息をいっぱい吸って,せーの! もぐって,け伸び!(1〜2m進んでから)かいてぇ,伸びるぅ……。

4 面かぶりの平泳ぎ

　クロールでは，ばた足は単調な動きなので手のリズムだけを意識して練習しましたが，平泳ぎでは手と足それぞれに大きな動きがあるので，手と足の両方をリズムに合わせて動かします。
・1「ける」手を伸ばしながら，足をけります。
・2「伸びる」手足を揃えてけ伸びの姿勢をします。
・3「かいて」足を動かさずに手だけをかきます。
・4「曲げる」手を合わせて足を曲げます。

❶陸上で面かぶりの平泳ぎの練習
【行い方】
・顔の前で手を揃えて，ひざを曲げて手足を伸ばす準備をします。
・3は，足を動かさずに手だけ開いて，英語のY（ワイ）の字のようになります。
・4は，手を合わせてお辞儀をするように頭を下げ，針穴を糸が通るように小さくなります。

　　1「ける」　　　2「伸びる」　　　3「かいて」　　　4「曲げる」

　平泳ぎが上達してくると，3（手をかく）と4（足を曲げる）がほぼ同時のタイミングになり，4は徐々になくなってきます。この後の実際の泳ぎでも，泳げる子は3拍子のリズムで，かけ声も「1，2，3ぁん（曲げる），1，2，3ぁん……」となってきます。
　また，1「ける」と同時に手を開いてしまい，2「け伸び」がない子もいますが，自分に合ったリズムがあるので，進めていれば形やリズムの違いにはあまりこだわりません。

❷面かぶりの平泳ぎ

壁をけってのけ伸びを1回目とし，教師のかけ声に合わせて面かぶりで5回かいてけります。5回かいたところで立ち，進んだ距離を確かめて，距離を伸ばすことに挑戦します。

【行い方】

- 1「ける」壁をけってけ伸びをします。
  息を大きく吸ってもぐり，壁に両足をつけます。両手を揃えて力強く壁をけり，け伸びをします。
- 2「伸びる」手足を揃えて，け伸びの姿勢をします。手を揃えて伸ばし，あごをグッと引きます。ひざと足首を伸ばし，つま先がつくように揃えます。
- 3「かいて」足を動かさずに，手だけをかきます。ひじを立て，手の平を後ろに向けて水をかきます。手が顔の横まできたらハート形にかき込みます。
- 4「曲げる」手を合わせて，足を曲げます。ひじを曲げて指先を合わせ，頭を「グッ」と下げます。ひざと足首を曲げ，かかとをおしりに引きつけます。
- 5「（2回目）ける」手を伸ばしながら，足をけります。あごを引いて頭を水に入れたまま手を伸ばします。足先で卵形を描くように足をけりはさみ閉じます。

面かぶりクロールと面かぶりの平泳ぎ（平泳ぎには「の」が入る）は，学習指導要領解説の中学年に例示されていますが，「面かぶりの平泳ぎ」には違和感を覚える方が多いと思います。確かに，競泳の競技規則には「（平泳ぎは）泳ぎの各サイクルの間に頭が水面上に出なければならない」と記されており，面かぶりの平泳ぎは正式な水泳大会では認められません。

しかし，中学年の体育の授業では，ボールゲームなどでも正式な規則を当てはめることはしません。中学年では競技としての泳法の完成形にはこだわらず，面かぶりの平泳ぎで「よく進む手足の動き」をしっかり身につける段階を取り入れましょう。

最初の「1」はけ伸び

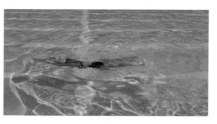

2「伸びる」

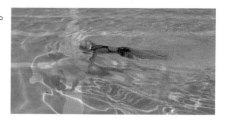

3「かいて」

4「曲げる」

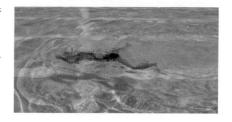

1（以後1〜4繰り返し）

5 平泳ぎの呼吸

> **ここがポイント！** 学習の後半は「個人差に応じたコース」の設定を

　ここで，実際の授業場面を考えてみたいと思います。全員で手足の動きを練習し，面かぶりの平泳ぎまで進んだので，全員で呼吸の練習に取り組もうとしても，半数近くの子どもがまだ平泳ぎでうまく進めず，呼吸の練習まで進めない，ということが考えられます。

　これまでの水泳授業では，単元の最後まで全員が同じ課題を練習する授業が多かったのですが，中学年の後半からは「個人差に対応した学習の場」を設定することが大切になってきます。例えば，単元の前半では，クロールと平泳ぎの「面かぶりの泳ぎ」までを共通課題とし，単元の後半では「手足の動きや面かぶりの泳ぎを練習するコース」「呼吸の仕方を練習するコース」など複数の場を準備して，子どもが自分の課題に合わせてコースを選べるようにします。単元前半は「みんなが一緒」の学習，後半は「１人１人の課題にわかれて」の学習というわけです。

　下の表は，４年生の単元の後半５時間を「チャレンジタイム」として，３つのコースにわけた場合の各コースの学習内容の例です（チャレンジタイムについては，53ページ参照）。

コース ＼ 時	第６時・第７時（クロール）	第８時・第９時（平泳ぎ）	第10時（泳法も選択）
（補充）うきうきコース A先生	・伏し浮き，け伸び ・ばた足，ストローク ・面かぶりクロール ・呼吸に挑戦	・伏し浮き，け伸び ・かえる足，ストローク ・面かぶりの平泳ぎ ・呼吸に挑戦	・呼吸をしながらの初歩のクロールや平泳ぎに挑戦（目標10ｍ）
（基本）すいすいコース B先生	・ばた足，ストローク ・面かぶりクロール ・クロールの呼吸 ・10ｍの練習	・かえる足，ストローク ・面かぶりの平泳ぎ ・平泳ぎの呼吸 ・10ｍの練習	・クロールや平泳ぎで25ｍに挑戦
（発展）のびのびコース C先生	・クロールの呼吸 ・よく進むクロール ・10ｍの往復練習 （スタート，ターン）	・平泳ぎの呼吸 ・よく進む平泳ぎ ・10ｍの往復練習 （スタート，ターン）	・クロールと平泳ぎで25ｍを泳ぐ練習

　このような学習を行うためには，指導者１人１人が，それぞれの場で子どもの課題に応じた指導を行うことが必要になります。学年で上記を参考に計画を立て，本書の練習内容や学習カードなどを参考に，各コースの子どもの課題に合った練習を工夫しましょう。

❶陸上で呼吸の練習

　初歩の平泳ぎも,「1, 2, パッ, 4」のリズムで練習します。子どもは動きを擬音で表すとイメージしやすくなるので, 平泳ぎでも, 呼吸を入れたリズムのかけ声として, 擬音を使って「ポン, スーッ, パッ, (曲げる)」と表します。

　面かぶりの平泳ぎのかけ声に呼吸を加えて,「ける, 伸びる, パッ, (曲げる)」でもかまいません。数字, 擬音, 動き3種類のかけ声があるので, 子どもの実態に合ったかけ声を使います。

【行い方】

- 1「けるぅ」(ポン) 手を伸ばしながら, 足をけります。指先を揃えて, あごをしっかり引いて手を伸ばします。ひざを伸ばして足を閉じます。
- 2「伸びるぅ」(スーッ) 手足を揃えて, け伸びの姿勢をします。手を耳の後ろで伸ばし, あごをグッと引いて下を向きます。
- 3「パッ」手を開きながら, 顔を上げて呼吸します。手で水を押さえるように, 手のひらを下に向けて横に開き, 呼吸します。
- 4「曲げる」手を合わせて, 足を曲げます。わきをしめ, 顔の下で指先を合わせて顔を下に向けます。しゃがんでける準備をします。

　1「ける」　　　2「伸びる」　　　3「パッ(呼吸)」　　　4「曲げる」

　「4(曲げる)」でひざを前に出して曲げるのは実際に泳ぐ際の曲げ方とは違います。

　正しくは, 右写真のようにももはまっすぐのままさらにひざを深く曲げるのですが, 陸上ではこれ以上曲げられないので, 上の写真のように曲げてよいこととします。

第3章　小学校3・4年生「浮く・泳ぐ運動」

❷水中で歩きながら呼吸の練習
【行い方】
・しゃがんで肩まで水につかり，水面で手を伸ばしてゆっくり歩きます。
・足をけったつもりで，顔を水に入れて手を伸ばします。
・手をかきながら顔を上げて「パッ」と息を吐いて吸います。
・手を顔の下で揃えて，顔を下に向けます。

ポン，スーッ

パッ

曲げる

【ありがちなNG】
　写真の子どももそうですが，呼吸をする時は口まで水上に出ればよいのに，つい肩まで水の上に出してしまいがちです。実際の泳ぎでも子どもたちは肩が出るほど顔を上げてしまい，腰が大きく沈む原因になってしまうので，必要以上に顔を高く上げないように言います。

❸ビート板で呼吸の練習
【行い方】
・友達が大きな声で「ポン，スーッ，パッ，曲げる」と声をかけながら，後ろに歩きます。
・泳ぐ子はビート板下部の両端の角を持ち，声に合わせて，泳ぎながら呼吸の練習をします。

ポン，スーッ

パッ，曲げる

　平泳ぎでは，足のけりと同時に手をかいてしまう子が多いですが，この練習ではビート板を持っていて手を開けないため，呼吸の後に手を伸ばしてけって進むことを意識しやすいです。
　呼吸の後，すぐに頭を水中に入れると，ける時に抵抗の少ない姿勢になることを教えます。

❹平泳ぎの呼吸に挑戦！
【行い方】
・1 「けるぅ」（ポン）手を伸ばしながら足をけります。
・2 「伸びるぅ」（スーッ） 手足を伸ばしてけ伸びの姿勢をします。
・3 「パッ」手をかきながら，顔を上げて呼吸します。
・4 「曲げる」顔を入れて，手と足を曲げます。

【言葉かけ・指示】
◆ける時は，「グゥ〜ン」とだんだん力を入れて，最後に足が閉じるまでけりましょう。
◆呼吸の時は，あごを上げず，呼吸したらすぐにおじぎをするように頭を水に入れましょう。
◆呼吸の後は，手足を揃えてけ伸びの姿勢になると，けった時によく進みます。

❺「ポン，スーッ，パッ」のリズムで呼吸に挑戦

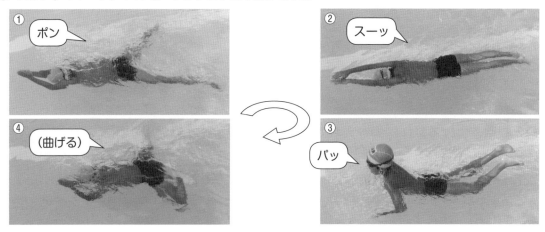

【言葉かけ・指示】
◆かえる足は，足先が卵形を描くように丸くけりはさむとよく進みます。（①）
◆頭を水に入れ，手足を揃えてけ伸びの姿勢になりましょう。（②）
◆水の中でも息を細く長く吐き，最後に「パッ」と吐いて息を吸いましょう。（③）
◆呼吸をしたらすぐに頭を水に入れ，足を曲げてける準備をしましょう。（④）

平泳ぎ　つまずきとその解決方法

　平泳ぎでつまずいている子どもには，まず以下のように伝えて励ましましょう。
　「クロールははやく泳ぐことに向いていますが，平泳ぎは川や海で周りを見ながら泳いだり，楽に泳いだりすることに向いています。身につけると『泳ぐ楽しさ』が広がりますよ。
　練習してすぐにできないと苦手だと思いやすいですが，もともと平泳ぎを身につけるには時間がかかります。回数を重ねれば必ずできるようになるので，気長に練習しましょう」

　平泳ぎで泳げない子にありがちな動きとその原因，解決方法を紹介します。

❶**かえる足でひざをしっかり曲げていない。「けりっぱなし」で足先に力が入っていない**

　何人かいるのは，足を深く曲げず，しっかりと伸ばすこともしない「ヒョコヒョコ」としたメリハリのない動きです（図1）。①ひざを深く曲げて止める。②足先に力を込めてけり，足を閉じて止める。この2点の「止め」を意識すれば，形はどうあれ何とか進みます（図2）。
　ここでは「何とか進めた」という達成感が大切なので，やっと進めた子に「違います。足首が曲がっていませんよ」などと「ダメ出し」をしないようにしましょう。

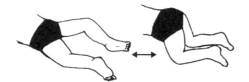

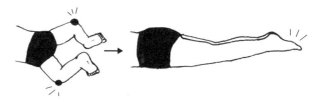

❷**足を引きつける動作に力を入れている。けった足をすぐに戻す**

　足を引きつける時に「グッ」と力を込めてしまい，肝心のける方は「フワァ〜ッ」と力が抜けてしまう子どもがいます（図3）。また，けった足を伸ばすことも閉じることもせず，けりきる前にすぐに足を引きつけてしまう子もいるので，けった後は伸ばして閉じるように言います（図4）。

❸かえる足が「あおり足」になってしまう

　「あおり足」とは，本来曲げるべき足首が伸びて，足の甲で水をける動きです（図1）。直すには，74ページのように自分の目で「足首を曲げた状態」を覚え，見なくてもできるようになるまで練習あるのみです。家庭でも練習ができる（図2）ので，行うと有効です。

図1　あおり足　　　　　　図2　椅子に座って　　　　　　うつぶせで

❹片方は足首が曲がっているが，もう片方が「あおり足」になっている

　片方だけが「あおり足」になっている子の泳ぎをよく見ると，できていない方の足が下がって，腰が傾いていることがあります。
　下がっている足のひざを上げてやや開くように補助し，腰と足を左右対称にした姿勢を覚えさせると直りやすくなります。

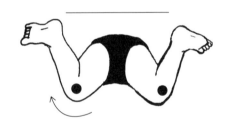

「あおり足」　　　　　左右対称に

❺顔を上げるタイミングが遅い。顔を水に入れる時に上を向いている

　呼吸の際，かいた手を水中深くにかき下ろしてから顔を上げる子がいます。また，顔が前を向いたまま泳ぎ，背中が反って腰が沈んでいる子も多くいます。手は顔の下で小さく逆ハート形を描きます。顔は手のかき始めと同時に上げ，呼吸の後はすぐにあごを引いて水に入れます。

楽しさを広げる活動の工夫

4，5，6年生 リズム水遊び「風の向こうへ」

歌：嵐　3分40秒

	歌詞	具体的な動き	
1	隊形 コースの線に沿って縦4列で整列し，横にいる教師の方を向きます。 前奏 (8×1)膝でリズムを取ります。 (8×4)右記の動き①②をします。	・足を大きく開いて，肩まで水につかります。 ・手で水を真上にかけます。 　　　　　　　　　　　(①×4) ・体をひねって両方の手の平で水をゆっくりと左右に押します。 　　　　　　　　　　　(②×4)	
2	涙を流すのは信じてるから 心のノートに書いた言葉 描いた通りにいかない時 にじんだ空に放った言葉 僕の後ろに出来てた道 (8×5)	・両手で横の水面を2回たたいた後，頭の上で2回たたきます。(①×4) ・肩まで水につかり，手をひざに置いて「ブクブク，パッ」(②×4) ・両手を前に伸ばし，頭までもぐります。手で水を押しながら跳び上がって息を吸います。(③×2)	
3	雨の向こうへ　風の向こうへ 旅は続いていく 今君の向こうへ　そして僕の向こうへ 道は続いていく (8×4)	・肩まで水につかり，クロールの手のかきをします。かけ声は「1，2，3，4」です。(①×2) ・顔を水につけて，呼吸をしながら「1，2，パッ，4」(②×2)	
4	どこかで振り返る その時が来て 君に話をするその朝が来て いつでも精一杯 走って来たって 嘘偽りなく言えたらいいんだ 僕の目の前に広がる旅 (8×5)	・ペアで向き合い，両手をつなぎます。 ・教師の笛の合図で，1列目の児童がその場でばた足をします。 ・合図で交代し，2列目が行います。	
5	雨の向こうで　風の向こうで 虹がかかっている 今君の向こうで　そして僕の向こうで　何かが持っている (8×4)	・再び教師の方を向きます。 ・顔を上げたまま平泳ぎの手のかき「伸ばすー，かく」(①×4) ・顔を水につけて「スーッ」で腕を伸ばします。呼吸をしながら手のかき。「スーッ，パッ」(②×4)	
6	どうか消えないで繋いだ灯よ 言葉を超え　心を鳴らす 今　風の向こうへ　旅は続いて この道は続いて… (8×4)	(教師のかけ声) 「逆立ちいくよ！せーの！」 ＜水中逆立ち＞ ・両手をプールの底につきます。 ・できる子は，逆立ちに挑戦します。	

	歌詞	具体的な動き	
7	信じてきたこの自分のために 夢重ねるみんなのために 感謝の言葉 for my family "I bilieve" ただ力の限り その焦りもいつかは糧に この痛みも糧に 雨にも風にも負けずに あの痛みや焦り この日のために (8×4)	<変身浮き> ・教師の笛の合図に合わせて，途中で息をせずに変身浮きをします。 （教師のかけ声） 「息をいっぱい吸って！せーの！」 ・①だるま浮き→②大の字浮き→③伏し浮き→立つ（2回繰り返す）	
8	あなたの分の想いも抱いて 階段のぼるよう　上向かって 辛くって 苦しくたって 耐えて 歓声浴びる姿描いて… 光と影その向こうへ 闇を照らす君の声 (8×4)	隊形移動 ・4人または6人で手をつないで輪を作り，広がります。 ・横方向に回ります。（①） ・教師の笛の合図で，息を吸って手をつないだまま大の字浮きをします。（②）	
9	雨の向こうへ　風の向こうへ 旅は続いていく 今君の向こうへ そして僕の向こうへ 道は続いていく (8×4)	・手を離し，輪の内側を向いて肩まで水につかり，クロールの手のかきをします。（3と同じ動き） ・顔を上げて「1，2，3，4」（①×2） ・顔を水につけて「1，2，パッ，4」（②×2）	
10	雨の向こうへ 今 風の向こうへ 旅は続いて　この道は続いて 光と影その向こうへ 闇を照らす君の声 (8×4)	・肩まで水につかり，平泳ぎの手のかきをします。（5と同じ動き） ・顔を上げて「伸ばすー。かく」　　　　　　　　（①×4） ・顔を水につけて「スーッ，パッ」（②×4）	
11	雨の向こうへ今風の向こうへ 旅は続いて この道は続いて 雨の向こうへ 今風の向こうへ 旅は続いて 今は向こうへ！ (8×4)	・再び手をつなぐ。前に歩いて小さく集まり，中央で手を上げます。 ・手を下げながら後ろに歩いて広がります。（①×3回） ・教師のかけ声「ま～え，うしろ」 ・4回目は中央で手を上げて止まります。 ・教師のかけ声「せ～の！」で手を離し，ばんざいをしながらジャンプして後ろに倒れます。 ※プールの壁や他のグループの子に頭をぶつけないように注意します。	

1　グループで楽しもう

1時間の前半の「エンジョイタイム」では，ペアを2つあわせた4人グループでゲーム的な活動に取り組み，楽しみながら浮く・泳ぐ動きに慣れて，動きを身につけます。

❶ばた足ずもう
【行い方】
・4人グループにつき，ビート板を1～2枚用意します。
・4人のうち，交代で2人が勝負をして，2人が行司（審判）をします。
・2人が向き合い，ビート板を持って肩まで水につかります。2枚あれば重ねて持ちます。
・行司の子の「はっけよぉい，のこった！」の合図で，顔をつけてばた足をして，ビート板を相手の方へ押します。ビート板を水面下に押し込まないようにします。
・相手の方へビート板を押せた方が勝ちです。勝負する子を交代して行います。大きいビート板や浮き具があれば，2対2など複数で対戦することもできます。

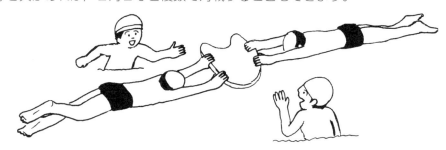

❷ビート板ばた足競争
【行い方】
・4人グループにつき，ビート板3枚と500mlペットボトルを2本用意します。
・1人が審判で，5m程度離れて2本のペットボトルを水面の位置で両手に持って立ちます。
・審判の「レディー，ゴー！」の合図で，3人がビート板ばた足でペットボトルを目指します。
・取れなかった子が次の審判になったり，取れた2人で決勝戦をしたりします。
・はやい子は後ろからスタートするなど，グループ内で遊び方を工夫します。

❸4人グループ対抗でばた足ドンじゃんけんぽん

【行い方】
- 4人グループにつき，ビート板を2枚か3枚用意し，向かい合ったグループと対戦します。
- 4人が縦に並んで，前の2人がプールに入ります。1人が出発したら次の子が入ります。
- スタートの合図で，両方のグループの1番の子がビート板ばた足で前に進みます。
- 相手とぶつかったらじゃんけんをして，勝ったら前に進みます。
- 負けたら，後ろにいる子に，大きな声で「負けた！」と言い，次の子がスタートします。
- 負けた子はかけ足で戻り，次の子にビート板を渡してプールサイドに上がります。
- じゃんけんに勝ち進み，壁までついたグループの勝ちです。時間まで対戦を続けます。

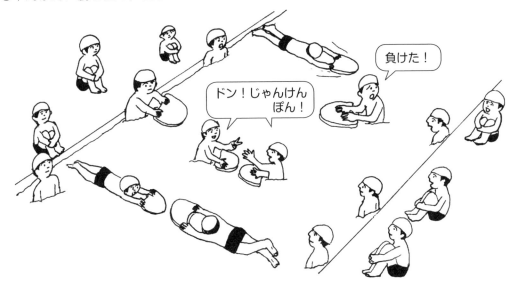

ここがポイント！　単元の後半は「グループで選んで楽しむ」

単元の後半は，これまでに行った活動の中から，グループで取り組みたい活動を選んで行います。

授業中にグループで相談すると，時間もかかる上に教師も準備の見通しをもちにくいので，プールサイドや教室に右図のようなボードを用意し，授業が始まる前に各グループがマグネットのグループ番号を貼っておくようにすると効率的です。

ばた足ずもう	⑬①⑭ ⑪⑮
ビート板 ばた足競争	⑱④②⑥
ばた足 じゃんけん	⑮⑫ ③⑦ ⑩⑯
	⑰⑧⑨

7 学習カード

(　　年　　組　名前　　　　　　　　　　　　　)

初歩のクロール

1「いぃ〜ち」手をかく	2「に」手をそろえる	3「パッ」息を吐いて吸う	4「よん」手をそろえる
1 顔を上げない方の手をももまでかく	2 かいた手をもどして，前でそろえる	3 顔を横に上げて，息を吸う	4 すぐに顔を入れて，手をもどす

ばた足泳ぎ			
こしかけばた足 (　)	かべ持ちばた足 (　)	ビート板ばた足 (　)	面かぶりばた足泳ぎ (　)

クロールの手のかき・面かぶりクロール			
陸上で手のかき (　)	水中で歩きながら (　)	面かぶり手だけクロール (　)	面かぶりクロール (　)

クロールの呼吸（こきゅう）			
陸上で呼吸の練習 (　)	水中で歩きながら (　)	ビート板で練習 (　)	クロールにちょうせん ・10m (　) ・15m (　) ・20m (　) ・25m (　)

練習した泳ぎは（　）にふり返りをつけましょう。（◎よくできた ○できた △少しできなかった）

初歩の平泳ぎ

1「ポン」 （けるぅ）　　**2「スーッ」** （のびるぅ）　　**3「パッ」**　　**4（曲げる）**

パッ

1. 手を伸ばしながら足をける
2. 手足を伸ばしてけ伸びの姿勢
3. 手をかきながら、顔を上げて呼吸する
4. 顔を水に入れて、手と足を曲げる

かえる足泳ぎ

こしかけかえる足	かべ持ちかえる足	ビート板かえる足	面かぶりのかえる足泳ぎ
（　）	（　）	（　）	（　）

平泳ぎの手のかき・面かぶりの平泳ぎ

陸上で手のかき	水中で歩きながら	面かぶり手だけ平泳ぎ	面かぶりの平泳ぎ
（　）	（　）	（　）	（　）

平泳ぎの呼吸（こきゅう）

陸上で呼吸の練習	水中で歩きながら	ビート板で練習	平泳ぎにちょうせん
（　）	（　）	（　）	・10m（　） ・15m（　） ・20m（　） ・25m（　）

ふり返り	1回目	2回目	3回目	4回目	5回目
仲よく安全にできた					
泳ぎのポイントがわかった					
練習した泳ぎができた					

「初歩的な泳ぎ」ってどんな泳ぎ？

❶学習指導要領解説に示されている「呼吸をしながらの初歩的な泳ぎ」

　中学年の「浮く・泳ぐ運動」の技能の1つに「呼吸をしながらの初歩的な泳ぎ」という例示があり，「呼吸しながらのばた足泳ぎやかえる足泳ぎなど，クロールや平泳ぎなどの近代泳法以外の泳ぎのことである」と解説が加えられています。

　この文章だけを読むと，「クロールや平泳ぎを教えてはいけないの？」「『呼吸しながらのばた足泳ぎやかえる足泳ぎ』という泳ぎを教えるの？」などの疑問を感じる方もいるでしょう。

　もう少し読み進めていくと，「泳ぐ運動」として以下の5つが例示されています。
○ばた足，かえる足　○連続したボビング　○補助具を使ったクロールや平泳ぎのストローク
○呼吸を伴わない面かぶりクロール，面かぶりの平泳ぎ　○呼吸をしながらの初歩的な泳ぎ

❷「浮く・泳ぐ運動」の具体的な学習内容

　上記の例示から，中学年の学習内容を整理してみます。
①クロールと平泳ぎの手足の動きは，「泳力に関係なく」「全員に」学ばせます。
②まず，2つの泳法で，「面かぶりの泳ぎ」で進むことを目標とします。
　すでに呼吸しながら泳げる子や，かえってやりにくい子は，呼吸しながらでよいです。
③次に，「呼吸をしながらの初歩的な泳ぎ」として，①②で練習した手足の動きのどれか，またはクロールや平泳ぎで，「何とか呼吸しながら泳いで進む」ことを目指します。
　ばた足泳ぎやかえる足泳ぎを，「形の決まった泳法」として教えなくてよいです。
　クロールや平泳ぎで泳げる子は，「すでに初歩的な泳ぎができている」と考えます。

❸指導上の配慮事項

　上記のように，中学年の学習内容はクロールと平泳ぎの手足の動きが中心なので，他の泳法が中心で，クロールや平泳ぎの動きを指導しないということがないようにします。

　一方で，児童が10mや25mなどの距離に挑戦する時には，中学年では「形はともあれ泳ぎきれればOK！」です。クロールの横向き呼吸や平泳ぎのかえる足など，動きのできばえで「合格／不合格」などの評価をすることは，中学年では適切ではありません。

第4章
小学校5・6年生「水泳」

高学年は「運動への理解」と「学び合い」を大切に

　高学年では，クロールと平泳ぎを中心に，より楽に長く泳ぐための動きについて，子どもが動きのポイントを実感しながら理解できるようにします。

　個人差が大きくなってくる高学年の活動のポイントは，「①『かき数調べ』や『5分間リレー』など，人と比べずに自分やグループの伸びを目指す達成的な活動　②ペアで互いの泳ぎを見て，アドバイスし合う『学び合い』」の2点です。めあての立て方やペアでの見合いなど，学び合いを高める手立ても紹介します！

「水泳」指導のポイント

1 高学年の学習内容を理解しよう

　小学校学習指導要領では、高学年で初めて、領域名が「水泳」になります。高学年の技能の内容は「クロールと平泳ぎで、続けて長く泳ぐこと」と示されており、距離としては25ｍ～50ｍが目安です。この他に、「内容の取扱い」の中に以下の２つの記述があります。
①水中からのスタートを指導する。
②学校の実態に応じて背泳ぎを加えて指導することができる。
　①については、以前はプールの上からのスタート（いわゆる「飛び込み」）が指導内容にありましたが、現在は小学校の授業では行わないということを示しています。
　②については、クロールや平泳ぎの指導を行った上で、発展的な内容として背泳ぎを加えてもよい（＝指導しなくてもよい）ということを示しています。

2 「初歩のクロール・平泳ぎ」から「伸びのある泳ぎ」へ

　高学年では、クロールと平泳ぎについて、概ね正しい泳法で25ｍ～50ｍ程度泳げることを目指します。ただし、まだ25ｍを泳げない子どもには、泳法についてはあまり細かく言わず、まずは初歩のクロール・平泳ぎで25ｍを泳ぐことを優先します。
　また、25ｍを泳げる子には、続けて長く泳げる泳ぎとして、「伸びのあるクロール・平泳ぎ」を指導します。より力強い手足の動きと抵抗の少ない姿勢を意識させるとともに、長い距離を泳ぐ時に大切な技能として、スタートとターンについても指導します。

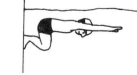

3　高学年は「自分の課題に応じた練習」を

　高学年の水泳の授業では，「1・2コースは25mに挑戦中の子，3・4コースはクロールを練習する子……」など，課題別や泳力別のコースを設定し，コースにわかれて泳ぐという活動がよく行われています。しかし，ただコースをわけるだけでは，指導や評価の少ない自習的な活動になってしまい，泳げない子たちは「どこをどうすればよいのか」がわからないまま，5～6m泳いでは立つということを繰り返している姿も見られます。プールの中にいる先生も，泳いで通り過ぎる子に一言声をかけるので精いっぱいです。

　高学年では泳力の個人差が大きくなるので，1人1人が自分の課題に合った練習内容を選択できるような活動の設定が大切です。中学年の「コース別練習」のように，教師がコースごとの練習内容を指示してもいいですし，この後紹介する「ペア学習」のように，自分で練習内容を選択し，ペアで見合いながら練習することも効果的です。

4　「ペア学習」の効果を高める工夫

　「ペア学習」とは，2人組の1人が泳ぎ，もう1人が友達の泳ぎを補助したりアドバイスをしたりする学習です。ただし，「友達の泳ぎを見てアドバイスしてあげましょう」と指示をするだけでは，子どもは友達の泳ぎのどこを見て，何を言えばいいのかがわからず，学習の効果が上がりません。ペア学習の効果を高めるには，以下のような工夫が必要です。

①子ども自身が，「泳ぎのポイント」を具体的に理解できるようにします。
　→「ポイント学習」の時間に，教師が「体のどこをどう動かすといいのか」を伝えます。
②「学び合いの仕方」についても，例を示して指導します。
　→友達に見てほしいことの伝え方や助言の仕方について，会話のモデル（例）を示します。
③「ペア学習」の時間に活用できる学習資料を準備します。
　→練習方法と泳ぎのポイントが示されたカードや掲示物を準備し，それを見ながらめあてを決めたり，アドバイスをしたりできるようにします。
④ペアの友達同士が「教え合う必然性」を高めます。
　→グループで記録に挑戦するような活動を行い，互いを応援し合う雰囲気を高めます。

2 「水泳」の授業の進め方

1　1時間の流れ

❶水慣れ，リズム水泳（8分間）18ページ参照

❷グループで挑戦「5分間リレー」（7分間）110ページ参照

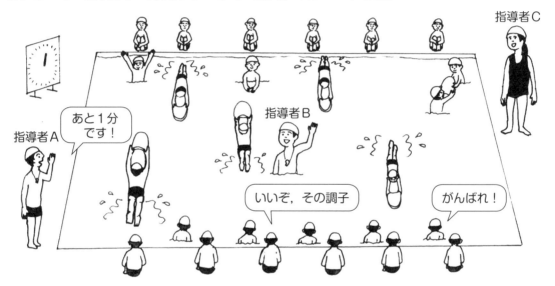

❸-1　ポイント学習（単元の前半，20分間）

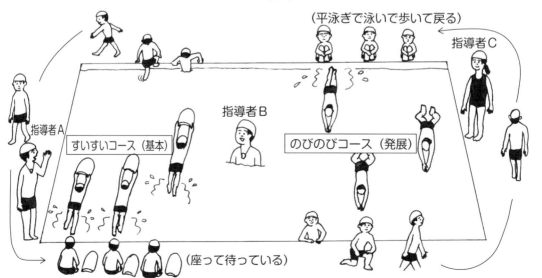

❸-2　ペア学習（単元の後半，20分間）

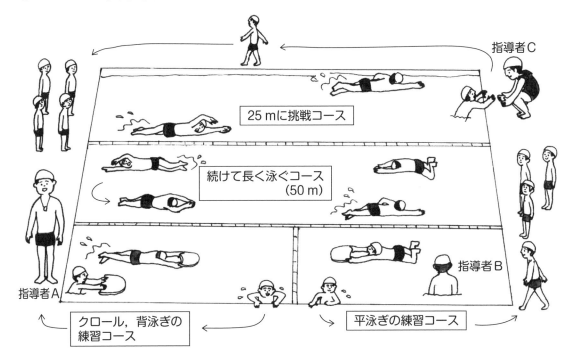

❶水慣れ，リズム水泳（8分間）88ページ参照
❷グループで挑戦「5分間リレー」（7分間）110ページ参照
　ペアをあわせた4人または6人のグループで，リレー形式で1人10mずつ5分間泳ぎます。5分間で泳げた距離を数えて記録し，毎時間記録を伸ばしていくことを目指します。
　図は，ビート板をバトンがわりに，ばた足リレーを行っている様子です。
❸-1　ポイント学習（単元の前半，20分間）
　単元前半の「ポイント学習」では，泳ぎのポイントや練習方法を教師が指導し，ペアで見合いながら練習します。高学年では泳力の差が大きいので，できれば図のように2つのコースを設定し，子どもが課題に合ったコースで学べるようにします。
❸-2　ペア学習（単元の後半，20分間）
　単元後半の「ペア学習」では，3つから4つの練習コースを設定して，子どもが自分の課題に応じた練習の場を選びます。図では練習する泳法も各自が選択していますが，学習に慣れるまでは，その時間に練習する泳法を教師が指定します。
❹確かめ泳ぎ，学習の振り返り（10分間）111ページ参照
　10mや25mで「かき数調べ」をして練習の成果を確かめ，学習を振り返ります。

2 「水泳」の単元計画（5年生：10時間扱いの例）

	1時	2時	3時	4時	5時
段階	「つかむ」 泳ぎのポイントや練習方法を知り，自分の課題をつかみます。				
1 水慣れ	リズム水泳「風の向こうへ」(88ページ) ・単元前半は，音楽に合わせた動き方を知り，ペアやグループの友達と一緒に楽しみながら，呼吸や泳ぎにつながる動きに慣れます。				
2 グループで挑戦	オリエンテーション ・第1時は，活動をしながらグループでの挑戦の仕方を学びます。	ばた足5分間リレー →110ページ ・単元を通した4〜6人のグループで，ビート板ばた足でリレーを行います。			
3 ポイント学習	第1時・第2時「クロール」 すいすいコース（基本） （座って待っている）		第3時・第4時「平泳ぎ」 （平泳ぎで泳いで歩いて戻る） のびのびコース（発展）		第5時 【すいすいコース】 ・クロール，平泳ぎ 【のびのびコース】 ・初歩の背泳ぎ
まとめ	確かめ泳ぎ　・10mでかき数調べをして，今日の練習の成果を確かめます。 学習の振り返り・泳ぎのできばえ・友達との協力・ポイントの理解などについて振り返ります。 ※第5時は，単元後半の「ペア学習」で，どの場所で何を練習するかを決めます。				

◆10時間の単元を,「つかむ」「高める」の2段階で計画しています。5年生の例を示していますが, 6年生では全員で背泳ぎを練習したりペア学習で泳法を選択したりします。

6時	7時	8時	9時	10時
「高める」 自分の課題に合ったコースを選んで練習します。				

1　リズム水泳～楽しさを広げよう～
・単元後半は,音楽に合わせてペアの友達と動きを合わせたり,グループで考えた動きをつけ加えたりして,楽しさを広げます。

2　グループで挑戦「5分間リレー」
・学年の人数にもよりますが,安全に注意して,クロール等自分のできる泳ぎで,リレーを行います。

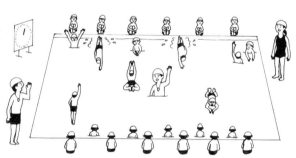

3　ペア学習 →112ページ

第6時・第7時「クロール」　　第8時・第9時「平泳ぎ」　　第10時
・自分が練習したい泳ぎを選択して練習します。

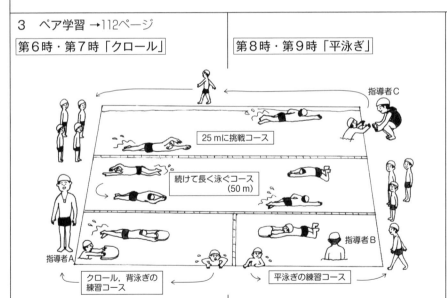

4　確かめ泳ぎ,振り返り→110ページ
・25mで「かき数調べ」をして練習の成果を確かめ,今日の学習を振り返ります。
・第10時は,できるようになった泳ぎを確かめ,単元の学習を振り返ります。

3 クロール

1 伸びのあるクロールに挑戦

　中学年では,「初歩のクロール」として,4拍子のリズムで1かきごとに手を前で揃えるクロールを練習しました。高学年で泳ぎ方が概ね身についた子には,より楽に長く泳げるような動きを「伸びのあるクロール」として指導します。平泳ぎについても同じです。

❶S字ストローク

　「初歩のクロール」では,ストロークはひじを伸ばして水をまっすぐ後ろにかいていました。

　高学年でクロールに慣れてきた子は,ひじを少し曲げ,手の軌跡が「外→中→外」とゆるやかに英語のSの字を描くように水をかく「S字ストローク」を目指します。S字にすることで,より長い軌跡で水を押すことになり,押す力は必要になりますが,推進力が大きくなります。

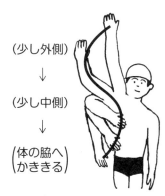

S字ストロークの軌跡

❷ローリング

　ローリングとは,体幹を中心に上半身が左右に回転する動きです。ローリングによって手のかきの後半に肩が開き,より後ろまで力強く水を後ろに押すことができます。

【行い方】
・かいた手を回して前に伸ばします。水に入れた手を水中でさらに前に伸ばします。
・「ぐぅ」反対の手で水をかきます。ひじを少し曲げ,ローリングしながら体の真下をかきます。
・「いぃ〜ん」水を押しきります。ひじを伸ばしながら,ももの外側へ水を押します。

❸ 陸上で手のかき
【行い方】
・足を開いて腰を曲げ，上半身を地面と水平にして，手を揃えた姿勢から始めます。
・手を前に伸ばします。かく方と反対の手を，肩を「グッ」と前に出すようにして手1つ分前に伸ばします。
・「ぐぅ」後方へかきます。ひじを高くしたまま少し曲げ，ローリングしながら胸の下までかきます。
・「いぃ〜ん」手を押しきります。ひじを伸ばしながら肩を上に開き，後ろに精いっぱい押しきります。

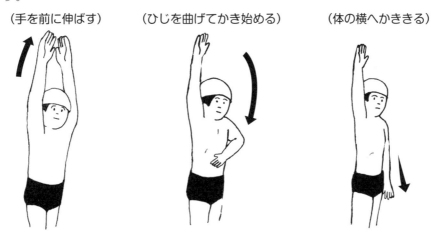

❹ 水中で歩きながら手のかき
【ありがちなNG】
　「ひじを曲げる」と言うと，90度より狭くなるほど深く曲げてしまう子がいますが，最初はほんの少し曲げる程度にします。
　また「ローリング」と言うと，前に伸ばした手を水中に沈める子がいますが，体が沈んでしまうので，水面の高さで前に伸ばすようにします。

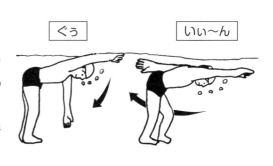

❺ 10mのかき数調べ
　け伸びの後，片手ずつゆっくりとかきながらクロールで泳ぎます。
　片手を1回と数え，ペアの友達が10mを何かきで泳げたかを数えます。

2　水中からのスタート

❶クロールのスタート
【行い方】
- 「け伸び」頭までもぐって両足を壁につけ，力強くけります。
- 「ばた足」手から足まで一直線に伸ばし，まずばた足をします。
- 「手のかき」水面に浮かんできたら手をかき始めます。

【言葉かけ・指示】
◆け伸びは「水中ロケット」のように少し深く進み，浮き上がるまでばた足をしましょう。

3　クロールのターン

【行い方】
- 「壁をつかむ」片手で壁をつかんで引きつけます。※ここで顔を上げて息を吸います。
- 「体の向きを変える」体を横に向け，下の手は水の中で前に向けます。
  ※足をやや横向きにつけます。
- 「頭までもぐる」横向きから，上の手をかぶせるように頭までもぐります。
  ※体が沈んでからけります。

【ありがちなNG】
　片手で壁をつかんだ後，向きを変えて戻る時に，顔を上げたまま壁をけってしまう子がいます。一度頭までもぐってから，「水中ロケット」でけ伸びをします。ターンの練習は，107ページで紹介します。

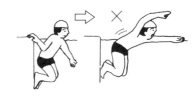

4 平泳ぎ

1 伸びのある平泳ぎに挑戦

　平泳ぎは,「初歩の平泳ぎ」も高学年の平泳ぎも泳ぎの形やリズムは基本的に同じです。
　中学年では,まだ泳げない状態からの練習で「何とか泳げる」ことが目標だったので,泳法としての形にはこだわりませんでした。高学年では,泳法として,ある程度の完成形を目指すとともに,より効率よく進むための手足の動きを高めていきます。

ここがポイント！ かえる足の「進む動き」「進まない動き」を実感させる

　高学年では,かえる足の「よく進む動き」と「進まない動き」を実際に教師がやって見せたり,子ども自身にやらせてみたりして,その違いを実感できるようにすると効果的です。

【進まない】
足を外にけりっぱなし。
足を閉じずに,外に向かって強くけっても進まない。

【進む】
ひざを曲げずに足を閉じる。
伏し浮きの姿勢から,足をゆっくり開いて力を込めて閉じるだけで進む。

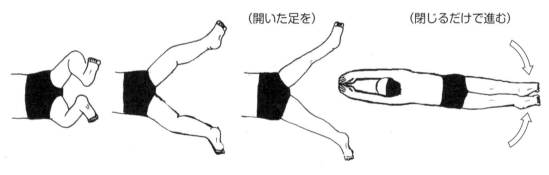

【進まない】
おなかの下に引きつける。
伏し浮きの姿勢から,強くひざを引きつけると,体が後ろに下がる。

【進む】
ももを曲げずにかかとを引きつける
ももをまっすぐにしたまま足を引きつけ,力強くけりはさむとよく進む。

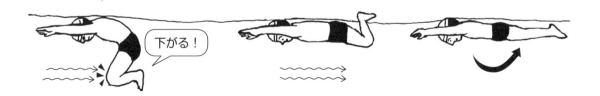

❶かえる足の練習

【行い方】〈プールサイドでうつぶせで練習〉

- ひざをこぶし2つ分開き,「曲げる」でひざと足首をしっかり曲げます。
- 「けって閉じる」でひざを中心にけりはさみ,足を伸ばして閉じます。

【行い方】〈陸上や水中で立って練習〉

- 壁などにつかまって立ち,「気を付け」の姿勢を最後の「け伸び」の姿勢とイメージして行います。
- 同じ動きをプールの中で壁につかまって行います。ふくらはぎの内側で水を押す感じをつかみます。

【言葉かけ・指示】

◆ ひざを前に曲げず,かかとをおしりにつけて,ひざを中心に戻しましょう。

曲げる

けって閉じる

【行い方】〈壁持ちかえる足(ペアで補助をする)〉

- 補助者の親指を上にして足の裏を持ち,「3時45分」の向きにねじる。
- ひざがおなかの下に入らないように足を引き上げ,かかとをおしりにつける。
- 足先が卵形を描くようにけりはさみ,つま先を水面で揃えて伸ばす。

補助の仕方　　　　　　「曲げる」　　　　　　「けって閉じる」

❷10mのかき数調べ

呼吸の時の手のかきを1回と数え,ペアの友達が10mを何かきで泳げたかを数える。

2　水中からのスタート

　平泳ぎのスタートには「ひとかきひとけり」と呼ばれる方法がありますが，小学校ではこれまで学習してきた「ポン，スーッ，パッ」のスタートを基本とします。

【言葉かけ・指示】
◆「水中ロケット」のように深く進みます。け伸びで１〜２ｍ進み，浮いてから手をかきましょう。

3　平泳ぎのターン

　クロールと平泳ぎの違いは，クロールは片手でタッチし，平泳ぎは両手でタッチするいう点です。平泳ぎは正式には，ゴールの時も両手を同時に壁につくことが規則になっています。

【行い方】〈ターンの練習（クロール，平泳ぎともに共通）〉

・壁に向かって立ち，泳いできたつもりで壁を手でつかみます。足を引きつけ，頭までもぐってけ伸びをしたら，５ｍのところで立ちます。
・右図のように，プール中央で壁に向かって立ちます。壁まで５ｍ泳いで，ターンしてもとの場所に戻ります。

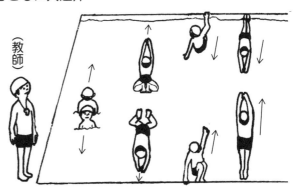

5 初歩の背泳ぎ

1 ペアで背泳ぎ

　背泳ぎは，バタフライも含めた4泳法の中で唯一上を向いて泳ぐ泳ぎで，進む動きをしない「背浮き」の状態でも，呼吸をしながら浮いていられます。ですから背浮きや初歩の背泳ぎは，川や海などで遭難した時に命を守る備えの1つとして経験させておきたい泳ぎです。

　一方，学習指導要領では「学校の実態に応じて背泳ぎを加えて指導することができる」とだけ示されており，具体的な動きについては例示がありません。ここでは，気を付けの姿勢でそよそよとばた足をしながら，徐々に易しい手の動きを加えていく背泳ぎを「初歩の背泳ぎ」として，ペアの友達に補助してもらいながら，段階的に経験させていきます。

　クロールも平泳ぎも背泳ぎも，体がよく浮くように頭を水の中に入れることは同じです。しかし，体の向きが逆なので，具体的な動きは下図のように変わります。そのことに留意して指導しましょう。

【伏し浮き・クロール・平泳ぎ】
耳まで頭を水に入れる。
あごを引いて，プールの底を見る。

【背浮き・背泳ぎ】
耳まで頭を水に入れる。
あごを上げて，空を見る。胸をはる。

　背泳ぎは上を向いているので，自由に呼吸ができると思いがちですが，実際には顔が沈んだり水しぶきがかかったりして鼻や口に水が入り，苦しい思いをすることがあります。

　背泳ぎの基本として，顔が出ている時も，「フ～ン，パッ」というリズムで，吸う時以外は鼻から息を吐くようにします。

顔が上がった時に息を吸う

❶補助つき背浮き
【行い方】〈補助具を持って「ラッコ浮き」〉
・ビート版を胸に抱えます。
【言葉かけ・指示】
◆耳まで水に入れて真上を見ましょう。

【行い方】〈ペアの友達が補助して〉
・壁につかまり，友達が頭を支えたら手を離しましょう。
【言葉かけ・指示】
◆足が沈む人は，「そよそよ」とばた足をしましょう。

❷背浮きばた足
【行い方】
・友達が頭を軽く支えて後ろへ歩きます。
・ひざを曲げて，水面にけり上げるようにそよそよとばた足をします。
【言葉かけ・指示】
◆あごを上げておなかをつき出しましょう。
◆手の平を下に向けて，水を左右になでるようにかいてもいいですよ。

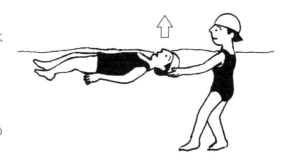

❸初歩の背泳ぎに挑戦
【行い方】
・気を付けから，「1」で片手を真上に伸ばし小指から水に入れます。
・「2」で手の平で体の横に水をかきます。
・毎回，気を付けの姿勢に戻ります。
【言葉かけ・指示】
◆ペアの友達は，耳もとで「1，2」と大きな声をかけてあげましょう。

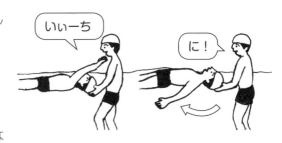

6 楽しさを広げる活動の工夫

1 ばた足5分間リレー

競争やリレーは子どもが喜ぶ活動ですが，友達や他のグループと競争するだけだと，泳ぎが苦手な子には気の重い活動になりかねません。

そこで，5分間リレーのように泳ぎ続け，グループで何m進めたかを数えて，前の時間と比べて自分たちの記録を伸ばす活動にすることで，どの子も自分たちの伸びを実感できるようにします。

水泳の授業では，これまで1人で泳ぐ活動がほとんどでしたが，このようにグループで取り組むことで，「友達を応援する」かかわりが生まれます。また，この後のペア学習でも同じグループの友達と学び合うようにすると，「お互いの泳ぎがうまくなったらグループの記録が伸びる」という共通の目標ができ，学び合いの意欲が高まるという効果もあります。

【行い方】
・ペアをあわせた4人または6人のグループを，単元を通してつくります。ビート板をバトンにします。
・プールの横方向を使い，リレー形式で1人が10m泳ぎ，友達にビート板を渡して上がります。
・5分間で何m泳げたかを自分たちで数えてカードに記録し，記録を伸ばすことを目指します。

【安全上の留意点】
クロールや平泳ぎなど顔をつけて泳ぐ泳ぎは，夢中で泳ぐと曲がって進むことがあるので，グループの数が多い場合は，安全のためにビート板ばた足で顔を上げて泳ぎます。

110

2　ペアでかき数調べ

　子どもたちは，水泳がうまくなることを，「はやく泳げるようになること」と考えがちですが，はやさだけを求めると，「がむしゃら泳ぎ」になりやすく，続けて長く泳ぐ「伸びのある泳ぎ」に意識が向きません。中学年では，「5かきで何m進めるか」という活動を行い，1かきでよく進む泳ぎを目指しました。高学年では，10mや25mなど決まった距離を何かきで泳げるか数える「かき数調べ」を行い，かき数を減らすことで伸びのある泳ぎを目指します。

【行い方】
・ペアが交代で泳ぎ，10mや25mを何かきで泳げるか，ペアの友達が数えます。
・10mの時はその場で立って数えますが，25mでは泳ぎに合わせて歩きながら数えます。
・時間があれば1人2回行い，2回目は1回目よりもかき数を減らすことに挑戦します。
・行い方については，子どもたちに以下のような会話のモデルを示して指導します。

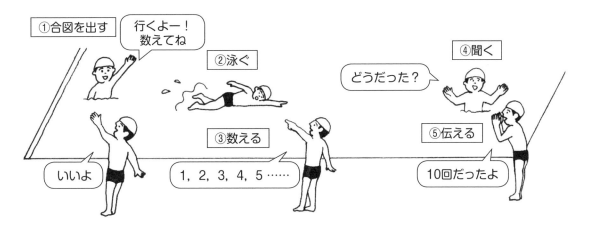

【言葉かけ・指示】
◆友達が一生懸命泳いでいるから，見落とさないようにしっかりと数えてあげましょう。
◆かき数が少ない方が，「伸びのある泳ぎ」ですよ！

　単元前半の「ポイント学習」で，伸びのある泳ぎを意識して練習する際にペアで見合います。また，単元後半の「ペア学習」で，自分の泳ぎのできばえや課題をペアの友達に見てもらったり，授業のまとめの「確かめ泳ぎ」で，前の時間までのかき数と比べて，練習の成果を確かめたりします。学習カードに記録を書いていくことも効果的です。

3　ペアで学び合う活動

　水泳は，水の中で体を動かすので，自分の泳ぎを自分で見ることが大変難しい運動です。そこで，自分がめあての動きをできているのか，どこを直すといいのかを，友達に見てもらい，アドバイスしてもらうことが大変役に立ちます。それが「ペア学習」です。
　ペア学習では，ペアの1人が自分のめあてを伝えてから泳ぎ，もう1人が友達の泳ぎを見て，めあてのできばえやアドバイスを伝えます。補助や声かけをすることも大変有効です。

❶ペアのつくり方

　単元を通して固定したペアをつくると，相手の泳力や前の時間までの様子を知った上で，より親身なアドバイスができます。
　ペアの組み方については，泳力が同じ程度で組むか，泳げる子とそうでない子など泳力が違う同士で組むかは，子どもたちの実態によります。以下の表を参考にしてください。

組み方	◎利点　　▲課題	適した段階
泳力が同じ程度で組む	◎課題が似ているので，相手の課題を理解して助言しやすい。 ◎練習する場が同じか近いので，移動が少なくてすむ。 ▲よく泳げない子同士の学び合いが高まらないペアがある。 　→教師の指導や支援が必要。補助や声かけを中心にさせる。	学び合い学習を初めて行うような段階
泳力が違う同士で組む	◎よく泳げる子が，そうでない子に的確な助言をできる。 ◎苦手な子が泳げる子に見てもらえて，意欲や泳力が高まる。 ▲自分より泳げる子に対して助言がしにくいことがある。 　→学習資料の準備が必要。かき数調べを中心にさせる。 ▲練習する場が違うので，移動が必要になる。 　→10分間で交代するなど，交代で練習する時間を区切る。	学習資料の活用や学び合い学習に慣れている段階

❷めあての立て方

　見合い学習を充実させるためには，泳ぐ子が「自分の泳ぎのどこを見てほしいのか」を具体的に伝えることが大変重要です。これがなければ，「どうだった？」と聞かれても，具体的な評価やアドバイスができません。そこで，後述する学習カード等を参考に，以下の3観点で具体的なめあてを立てます。めあては授業の前に教室で決めておきます。

【クロールの呼吸の例】
- いつ　（泳ぎのサイクルの中でどの場面か）　　呼吸をする時に
- どこを　（体の部位の1か所を指定する）　　　顔を
- どうする（部位の向きや動きを具体的に）　　　後ろに向ける

この3要素をあわせて「めあて」と呼ぶ

❸学習の場と時間

　下図のように，それぞれのコースにわかれて一方通行で泳ぎます。見る子は，安全のために「見ながら歩く子がプールのそば，戻る子は外側」というように歩く方向を決めます。

　補助をする子や，水中の方が動きを見やすい子は，水に入って行います。

　学習時間については，「1人が2回泳いだら交代する」という行い方と，10分間など時間で交代の合図をして，1人ずつの練習時間を確保する行い方があります。

【5年クロールの「ペア学習」の場の例】

❹見合い学習の行い方

　見合い学習の行い方について，子どもたちに以下のようなモデルを示して指導します。

①自分のめあてを伝えます。

　A「めあては，呼吸の時に顔を後ろに向けることです」

　A「顔の上げ方を見ていてね」　B「うん，わかった」

②泳ぐ（A）見る（B）。

　B「呼吸の後に，顔が前を向いているな」

③水から上がってアドバイスを受けます。

　A（歩いて戻りながら）「どうだった？」

　B「顔を戻す時に前を向いていたよ。すぐに水の中に戻すといいよ」

④もう1度泳ぎます。

　A「わかった。もう1度泳いでみるね」

7 学習カード

(年 組 名前   )

クロールのポイント

ばた足　・ひざや足首を伸ばして，水の中に向かってドッドッドッドと力強くける。
　　　　・足の親指同士がこすれるようにリズムよくける。
　　　　・ばた足をしている時に，腰が沈まない。

| グゥイーン | グゥ | イーン | パッ！ | ン |

手のかき，呼吸　・水の中で前に腕を伸ばす。　・最後にももまでしっかりかききる。
　　　　　　　　・手のかき始めに顔を上げる。　・呼吸の時に，前に伸ばした腕に耳をつける。
　　　　　　　　・前を向かずにすぐに顔を水に入れる。

1　練習方法を選ぼう　　※学習資料として，94ページの学習カードを配布したり掲示したりする。

ばた足泳ぎ	①腰かけばた足　②壁持ちばた足　③ビート板ばた足　④面かぶりばた足泳ぎ
手のかき・面かぶりクロール	①陸上で手のかき　②水中で歩きながら　③面かぶりクロール（手だけ，ばた足も）
クロールの呼吸	①陸上で呼吸の練習　②水中で歩きながら　③ビート板で練習　④距離に挑戦
伸びのあるクロール	①かき数調べ（10 m，25 m）　②スタートとターンの練習

2　上のポイントを参考に，めあてをたてよう

月　日（曜）	今日のめあて（○○の時に，○○を，○○する）	ふり返り
／（　）		◎・○・△
／（　）		◎・○・△
／（　）		◎・○・△

平泳ぎのポイント	
かえる足	・かかとをおしりにつける。ひざをおなかの下に入れない。 ・両方の足首をしっかり曲げる。　・けりっぱなしにせず，卵形に丸くけりはさむ。 ・最後はひざとつま先を伸ばす。　・けった後，手足を伸ばしてけ伸びの姿勢にする。

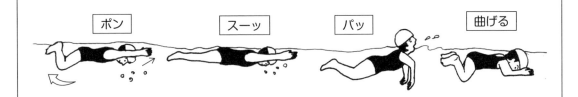

ポン　　スーッ　　パッ　　曲げる

手のかき，呼吸	・手を「逆ハート形」にかき，肩より後ろにかかない。 ・手のかき始めに顔を上げる。 ・呼吸の時に，あごを引いてすぐに顔を水に入れる。

1　練習方法を選ぼう　　※学習資料として，95ページの学習カードを配布したり掲示したりする。

かえる足泳ぎ	①腰かけかえる足　②壁持ちかえる足 ③ビート板かえる足　④面かぶりのかえる足泳ぎ
手のかき・面か ぶりの平泳ぎ	①陸上で手のかき　②水中で歩きながら　③面かぶりの平泳ぎ（手だけ，足も）
平泳ぎの 呼吸	①陸上で呼吸の練習　②水中で歩きながら　③ビート板で練習　④距離に挑戦
伸びのある 平泳ぎ	①かき数調べ（10 m，25 m）　②スタートとターンの練習

2　上のポイントを参考に，めあてをたてよう

月　日（曜）	今日のめあて（○○の時に，○○を，○○する）				ふり返り
／（　）					◎・○・△
／（　）					◎・○・△
／（　）					◎・○・△
かき数調べの 記録	クロール・平泳ぎ 　　m　　回	クロール・平泳ぎ 　　m　　回	クロール・平泳ぎ 　　m　　回	クロール・平泳ぎ 　　m　　回	クロール・平泳ぎ 　　m　　回

「着衣泳」の指導

❶学習指導要領における扱い

水の事故から自分の生命を守ることは，水泳指導の大きなねらいの1つです。そして水の事故は，プールで水着で泳いでいる時よりも，海，川，湖などの自然環境において，着衣のまま発生することの方が多いというのが現実です。

着衣での水泳指導の目的は，そのような事故を未然に防ぐため，水着の状態とは違う泳ぎの難しさを身をもって体験させ，そこから不慮の事故に出遭った時の落ち着いた対応の仕方を学ばせることにあります。

学習指導要領解説では，高学年の「態度」の内容の中に，「着衣のまま水に落ちた場合の対処の仕方については，各学校の実態に応じて取り扱うこと」と示されています。学校の諸条件が整えば，着衣したままでの水泳を体験させることは有意義です。

❷「着衣泳」の指導上の留意点

近年，着衣のままでの水泳指導が様々な学年で行われていますが，一般的に「着衣泳」と呼ばれることから，着衣で泳ぐ学習のように誤解されていることもあります。

学習指導要領をもとに，改めて以下の点に留意したいと思います。
○「着衣泳」という言葉では示されておらず，「着衣で泳ぐこと」が学習内容ではない。
○高学年で「実態に応じて」と示されており，全ての学年で取り扱うべき内容ではない。

❸主な指導内容

着衣のままでの水泳は，水の抵抗を大きく受け，思うように泳ぐことができません。ゴーグルや水泳帽もつけずに，靴を履いたまま泳げばなおさらです。そのような服装で水中で体を動かし，短い距離を泳ぐ経験をすることで，着衣のままで泳ぐことの難しさを実感し，事故に遭った場合には無理して泳ごうとせずに，体力を温存したり体温を保持したりしながら浮いて待つことの大切さを学びます。

保温の面からも衣服は脱がないことや，友達が水に落ちた場合，助けようと自分が水に入るのではなく，ペットボトルなど浮く助けになるものを投げたり，近くの大人を呼んで助けを求めたりすることなども指導します。

大きめのペットボトルを胸に抱えるとよく浮く

おわりに

　水泳は，水という日常とは違う環境の中で，重力から解放されて「ふわぁ～っ」と浮いたり「すーっ」と進んだりする心地よさを感じることができる運動です。また，練習して自分の泳力を向上させたり，仲間と一緒に楽しんだりすることが，何歳になっても楽しめる運動です。その一方，小学校の体育では，まだ気温や水温が十分上がらない時期に授業を始めることが多く，とても寒い・冷たい思いをしたり，水に慣れていない時にどんどん活動が進んで，鼻や耳に水が入る不快感や，水を飲んだりおぼれたりする恐怖感を感じてしまうこともあります。

　また，学年が上がるにつれて友達と自分の泳力の差が気になるようになり，「明日の水泳の授業は気が重いな……」という気持ちになる子も少なからずいるように思います。

　そんな子どもたちに，「明日のプールが楽しみ！」と思ってもらえるような授業をつくりたい，という願いから，私は「東京都小学校体育研究会」という小学校教員の研究団体で，水泳領域部会の仲間たちと「楽しい水泳の授業づくり」について研究・実践をしてきました。

　今回紹介したリズム水泳や5分間リレー，グループで楽しむエンジョイタイムやペアでの学び合いなどの多くは，全て仲間たちとつくったものです。この素晴らしい仲間たちとの研究・実践の成果が，少しでも多くの皆様の参考になれば幸いです。

　また，本会での研究にあたっては，後藤一彦先生，菅原健次先生，古家眞先生にいつも温かくご指導をいただきました。この場をお借りして御礼申し上げます。

　この本の作成にあたっては，明治図書出版の茅野様に執筆のお声がけをいただき，不慣れな私に丁寧にご指導をいただきました。最後になりましたが，茅野様をはじめ明治図書出版の皆様に，この場を借りて厚く御礼申し上げます。

永瀬 功二

　写真のモデルとして協力してくれた愛する子どもたちに感謝をこめて……。

参考文献

『小学校学習指導要領解説　体育編』文部科学省
『学校体育実技指導資料　第4集　水泳指導の手引（三訂版）』文部科学省
『スポーツビギナーシリーズ　基礎からの水泳』柴田義晴　著，ナツメ社
『イラストとカードで見る水泳指導のすべて』
後藤一彦・菅原健次・古家眞　編著，東洋館出版社

【著者紹介】
永瀬　功二（ながせ　こうじ）
昭和42年東京生まれ。
東京学芸大学卒業（水泳部所属）。
平成元年より東京都で小学校教員として勤務。
東京都小学校体育研究会水泳領域部会で，仲間とともに小学校の水泳授業の指導について研究・実践を進め，現在に至る。
平成21年度　東京都教育委員会職員表彰受賞。
平成22年度　文部科学大臣優秀教員表彰受賞。
平成22年7月10日朝日新聞「花まる先生　公開授業」で水泳授業の実践が紹介される。（記事の内容は，朝日新聞社編『感動する授業』にも掲載）

本文イラスト　関根美有

体育科授業サポートBOOKS
ペア・グループの力でみんな泳げる！
水泳指導アイデア事典

2016年6月初版第1刷刊	ⓒ著　者	永　瀬　功　二
2025年7月初版第5刷刊	発行者	藤　原　光　政

発行所　明治図書出版株式会社
http://www.meijitosho.co.jp
（企画）茅野　現（校正）茅野・嵯峨
〒114-0023　東京都北区滝野川7-46-1
振替00160-5-151318　電話03(5907)6701
ご注文窓口　電話03(5907)6668

＊検印省略　　　組版所　共同印刷株式会社
本書の無断コピーは，著作権・出版権にふれます。ご注意ください。

Printed in Japan
JASRAC　出1604170-505
ISBN978-4-18-186218-3

もれなくクーポンがもらえる！読者アンケートはこちらから　→

好評発売中！

1日15分で学級が変わる！ クラス会議パーフェクトガイド

諸富 祥彦 監修／森重 裕二 著

A5判・136頁・本体1,900円+税　図書番号：1864

　朝の15分間を使って行うだけで、学級が変わるクラス会議。クラス会議を長年行ってきた著者が、クラス会議の導入の仕方、成功するコツ、おススメアクティビティなどを紹介。学校や保護者へのクラス会議説明プリントの見本もついた、まさにパーフェクトな解説本です！

学級経営サポートBOOKS クラスがみるみるまとまる「毎日レク」 準備ゼロでできるインプロゲーム＆アクティビティ

栗原 茂 著

A5判・144頁・本体1,900円+税　図書番号：1865

　遊びを通して、協力する力や創造力を育てる。そしてみるみるクラスがまとまっていく。本書では、そんなインプロゲームやアクティビティを4コマ漫画とともに60例紹介。
　ミラーゲーム、猛獣狩りに行こうよなど、一風変わった遊びでクラスが変わります！

明治図書　携帯・スマートフォンからは **明治図書ONLINE** へ　書籍の検索、注文ができます。▶▶▶

http://www.meijitosho.co.jp　＊併記4桁の図書番号（英数字）でHP、携帯での検索・注文が簡単に行えます。

〒114-0023　東京都北区滝野川7-46-1　ご注文窓口　TEL 03-5907-6668　FAX 050-3156-2790

＊価格は全て本体価格表示です。